老师妈妈

[美]艾拉·弗朗西丝·林奇/著　　马雪云/译

哈尔滨出版社
HARBIN PUBLISHING HOUSE

图书在版编目（CIP）数据

老师妈妈／（美）林奇著；马雪云译. —哈尔滨：哈尔滨出版社，2016.6
ISBN 978-7-5484-2475-8

Ⅰ. ①老… Ⅱ. ①林…②马… Ⅲ. ①家庭教育 Ⅳ. ①G78

中国版本图书馆CIP数据核字（2016）第029171号

书　　名：**老师妈妈**

作　　者：［美］艾拉·弗朗西丝·林奇　著
译　　者：马雪云　译
责任编辑：滕　达　李金秋
责任审校：李　战
封面设计：小萌虎文化设计部：李心怡

出版发行：哈尔滨出版社（Harbin Publishing House）
社　　址：哈尔滨市松北区世坤路738号9号楼　　邮编：150028
经　　销：全国新华书店
印　　刷：北京中振源印务有限公司
网　　址：www.hrbcbs.com　　www.mifengniao.com
E-mail：hrbcbs@yeah.net
编辑版权热线：（0451）87900271　87900272
销售热线：（0451）87900202　87900203
邮购热线：4006900345（0451）87900345　87900256

开　　本：710mm × 1000mm　1/16　印张：15.25　字数：140千字
版　　次：2016年6月第1版
印　　次：2016年6月第1次印刷
书　　号：ISBN 978-7-5484-2475-8
定　　价：36.00元

凡购本社图书发现印装错误，请与本社印制部联系调换。　服务热线：（0451）87900278

前言

“我想教育我的孩子，但我能做好一个老师吗？”

家庭幼教需要的不是最有能力的老师，而是最好的老师。一个知名语言学家可能连语言的基本要素都教不好，一个著名音乐家可能连教好初级学生的基本素质都不具备。好老师的标准不是你学历有多高，专业能力和指挥能力有多好，也不是你多会激起孩子的热情，而是让孩子日复一日重复同样事情的耐心和毅力。确实如此，是耐心和毅力支撑了家庭教育。

学校无法教育不会服从、不懂专心致志的孩子。七岁以前，错误的训练或忽视给孩子造成的损害，任何学校都无法弥补。

下面的问题可以帮助妈妈检测自己是否能够教育自己在读幼儿园的孩子：

你能教会孩子主祷文吗？

你能教会他们缝纽扣、打结、摆餐具、扫地、画直线吗？

你能告诉他们飞进你家院子的鸟儿的名字、你家附近的树木和花儿的名字、日常蔬菜的名字以及七种基本颜色的名字吗？

你能教会他们《鹅妈妈童谣》吗？

你能让他们在回答问题前先思考吗？你能让他们看到事物本来的样子，并且精确描述所看到的东西吗？

如果你能做到这些，或者可以学着做到这些，那你也能学着做到老师妈妈应会的其他事情。

应该感谢《乡绅》《美国母亲》《美国》《荷兰杂志》《曼西周刊》《美开乐》《日常教练和基础计划》《教育期刊》《孩子》（伦敦）《纽约时报》《费城纪事》等报纸和杂志的编辑，因为本书引用了这些报纸和杂志的部分内容。他们的帮助支持了我们，使“重新把家庭建成世界最伟大的教育机构”的努力更有成效。

从西加拿大的“荒野”到安第斯山的矿工棚，从罗得西亚的旱地到中国内地，从纽约到旧金山，世界各地的妈妈们都在使用这些方法，忙碌使她们必须把家务也作为教学环节。

谨以此书献给好妈妈们，以及老师妈妈社团辛苦工作的成员们。

艾拉·弗朗西丝·林奇

C O N T E N T S

目 录

第一章

老师妈妈的机会

每个孩子都有特殊的天赋，他们来到世上，恭顺地等待着，等着通过教育发展自己的终身工作。教育是整个伟大计划的一部分。笔者相信，每个孩子的成长环境里，都藏有教育他的方法。不管他们的父母贫穷或富有，渊博或粗浅，都有责任和权利营造家里的秩序，使家成为孩子在世界上最好的教育机构。

就像律师要知道民法，医生要知道维持人体运行的自然法则一样，要做好老师，家长也有必要知道一些人性法则。一个理性的人不会随便建造花园、盖房子或开发动机，他至少要先弄懂基本方法，研究别人的经验，以确定成败的因素。只有败家子才会拿仅此一份的材料去做没必要的试验。特别是养育孩子，这份“材料”娇嫩昂贵，轻率试验，影响深远。雕刻家误凿一下只是浪费了一块大理石，而父母的误导却会毁坏孩子的心灵。大人之所以是现在的样子，是因为家庭教育要么成全了他们，要么毁坏了他们。学校没有能力重塑一个家教失误的孩子。

这本书像日程表一样，写明了在入学前什么时候能且应该培育孩子的事情。本书并不包括所有的育儿事项，因为母亲的某些能力是天生的。本书划列重点的指南是妈妈们经常问我的问题。本书并不想要内容新颖或力求原创，只是希望通往正确方向的道路是一直开放的，便于父母们正确选择。

如今，教育孩子的一个致命错误是，孩子还没有为课程有所准备，就被送进了学校。家庭教育充分的孩子，在两年的学校时间里掌握的东西，其他孩子三到四年也不一定能掌握。本书概述的课程会让孩子如饥似渴地学习，学习方法不再重要。因此我们简要通俗地介绍一些父母应该知道的孩子天性，在这个基础上，父母可以简单、谦逊地耕耘、种植和培养这些小伊甸园。全书的指导理论是，决定孩子的是后天教育而不是遗传。即幼儿时期的个性指导和健全的纪律，是持久成功最好且唯一的保障。

我们不应该为进大学做准备，把十岁的正常孩子变得不正常，而应该专注于让孩子看到，如何能在大学课程里学到最好的东西。比如为完成功课而坚持不懈地努力，这是十岁前能且应该获得的能力。对于如何把孩子打造成奇才，我无可奉告。我个人并不想和奇才一起生活。最好和大地母亲保持亲密，并且祈祷你能培育出一个可靠、忠诚、真实、勤奋、理性、富有同情心的孩子，而不是一个奇才或别的什么。

我不希望妈妈们把某高校的广告作为她们的理想："这里可以把擦鞋童培养成医生。"在上帝面前，一个好的擦鞋童，如果他是这样叫的话，或者一个好的挖沟人，和一个好的天使一样接近神的意图，一个不好的天使可不能这么接近。像珍妮·凯雷问她自己的："在上帝面前，一座珀尔修斯的雕像和一块面包究竟有什么大区别呢？它们都是人类之手做出来的东西呀。”

我的大部分话都是从一个在“失败”中挣扎的教师的角度来说的，并试图找出为什么聪明的孩子这样做通常都失败了。我斗胆给这一时代下个定义：学校教育失败最少的时代。这应归因于老式家庭中老式的纪律和训练，正是那些历史悠久的纪律和训练，使人类获得了巨大进步、文明和文化。

我想告诉家长的一些事实是：没有天生的罪犯；家长不能责怪一个遥远的祖先来逃避自己的责任；孩子都调皮，但是没有坏孩子；如果妈妈从婴儿时期就开始培养孩子的好习惯，所有孩子都会是好孩子；缺乏谋生能力或生活无意义，可追因到父母的忽视；只有知识并不能阻止错误的行为；学生的迟钝和成人的愚蠢，大都是错误的家教或缺乏家教导致；大部分低能可归因于三到七岁时的忽视或误导；天才是自身智慧加上自律的身体和头脑；大部分的邪恶、犯罪、意志薄弱由不良家庭环境造成，这样的环境使孩子做不到自制，其缺乏意志力的程度与家庭混乱程度相当。

不管多小的孩子，拒绝认真指导他，就像不给孩子必需的食物一样不正常，家长对孩子心灵的关心应该和对他们身体和灵魂的关心一样尽责。不幸的是，教育一词被学校、指导和书本知识弄混了，并且错误使用的频率远大于正确使用的频率，这种混淆最应该责备学校老师。看看，现在指导员、教授、监督人、教师都是“教育者”。有教育委员会、教育董事会、教育部，其实他们只是“公共指导”。我斗胆认为，“教育”的误用带来的坏影响比当代别的相似动词都要大。学校从来不是，也不可能成为人类教育的主要因素，对学校教育的依赖是现代社会体制的深刻错误。学校，或其他家庭以外的指导，都只是教育的一部分。这种混淆就像混淆移植和果园，削土豆和做晚饭。

许多伟大的人要么没有接受过学校教育，要么是学校教育的失败者。当今一代，大部分学校教育过度或缺乏教育。父母才是真正的教育者，教师只是教师。家是唯一的自身严格的教育机构。教会和学校可以帮忙，但是家且只有家才能教育。

如果学校老师不使用复杂语言，而是用诗人和哲学家描述如童年、落日和海上风暴等可爱事物的简单语言，表达自己，可能妈妈对培养孩子更有信心。逻辑学之父苏格拉底，甚至在捉弄爱慕虚荣的雅典智者时，都能使用简单到孩子能拼读的词语。但是打开一本现代培训孩子的书，你可以看到排得满满的单词，好像在说：“到此为止，不要再往前了。妈妈的工作就是喂养和清洁，把心理学留给教员。”

有个心理学家想让大家知道孩子的头脑里都是什么，就写了一本书，这本书的用语几乎和埃及方尖碑上的文字一样难懂。他在餐桌上高兴地宣布他的书已经被译成汉语了，他的儿子说：“爸爸，那你怎么不找人译成英语呢？”撕下心理学“人性知识”的面具，问问你自己，一个成长家庭的妈妈有多少可能从心理学家那里学习这个学科。

而心理学家，像研究蚱蜢一样研究孩子，科学分析、内省、狩猎反应，但却从没在喂养和清洁时照顾过他们，或听过他们的祈祷，抓住他们因准备程度不同，而天真、笨拙或科学地撒谎。什么样的妈妈，就算是野兽，会像某个心理学家那样，为了测试恐惧对孩子的影响，把孩子托在二楼的窗户外？这个试验当然很成功，因为孩子由于惊吓过度而死亡了。

不过把心理学解释成“人性的知识”，未免夸大了这个词。心理学只研究人类的一部分天性，而教育还会改变一个孩子的灵魂。在公立学校，我们假设学生只有思维和身体，并且以分数划分级别，同个级别的人都被认为是相似的，灵魂常被忽略，大概因为学校老师还没做到把灵魂也同一化。

现代心理学负面如此多，而正面比负面还糟糕。儿童早期那些优秀明智的教育被误解歪曲或排斥得如此严重，以至于我们现在的文化只是表面上基于童年研究，实际上不适合任何种族，至少不适合目前居住在地球上的人类。这个奇怪野蛮的理论，看起来像源自想象孩子最喜欢做什么，以及写出这些事情的过程，并断言这是科学的，是应该做的。“找出他们喜欢做什么，然后由着他们做”取代了“找出他们能做什么，然后让他们做”。

孩子不喜欢工作，得在玩耍中教他们工作。孩子喜欢能引起他们兴趣的东西，不要要求孩子做不能吸引他们的事情。如果感兴趣的话，他们自己会做的。美国孩子不能强迫，他们天生的独立性要求他们有自己的方式。因此不要跟美国孩子说“不要”或“必须”。转移他的注意力。如果他咬或踢妈妈，她应该给他球踢或葡萄干咬，并向他解释如果他咬人或踢人，妈妈就不爱他了。教员需要明白，孩子的这种天性会把人变成动物吗？

人们普遍认可世界上最重要的事情是给孩子正确的教育。然而“教育”一词却从没被合理定义过。所有的好父母，都赞成把他们的孩子培养成正直、忠诚、敏捷、严谨、有序、服从、自制、勇于承认错误、尊重邻居的权利和财产、有良好适应力、不遗余力地工作的人。他们看重尊严和谦逊。他们希望劳动和责任成为生活的习惯，想轻易给孩子树立这样的观念：不管体力劳动、脑力劳动还是道德义务，都没有新奇和严苛之处。想想那些具有这些古老美德的人，然后你就想到那句话：“那是一个产生巨人的时代。”谁会鲁莽地用“无知”和“缺乏教育”形容那个时代即使没进过学校的人呢？谁敢说学校曾经给过或能够给予这样朴素的培训？

现在，如果给前述种种素质再加上一些指导，以开启心灵之门，培养对知识的渴求，引导对好书的热爱，那么即使在阅读、拼写、写作和算术入门课上，这些孩子也几乎不需要专门指导，他们已经能够自己努力完成对自己的教育。这样一个男孩或女孩所受的教育，才是教育一词全部的意义。而这样的教育和指导，任何一个热心尽责能看到本书的妈妈都能做到。福音书如果让平民看不懂就失去了意义，因此真正的教学和好方法也一定可以用直接简单的语言阐明。

要做到这些，老师妈妈的素养不需要很高深。事实上，她的指导书只需要小学水平就能看明白。一点明智使用的学问，比由于过度同情孩子而无法使用的大学问，更容易理解本书。妈妈不需要了解社交界的风俗习惯，也能使孩子行为端正、体贴他人。她也不需要是艺术家或科学家，才能唤醒孩子对艺术和科学的爱。她不需要是语法学家或逻辑学家，才能帮助孩子打牢英语和逻辑的基础。磨刀石不能割草，但它能磨镰刀，镰刀可以割草。

妈妈的力量在于她的道德天性。她的榜样给孩子不断的激励和持久的影响。即使对孩子的学业没有特别的帮助，这样的妈妈也是完美妈妈。如果都是这样的妈妈，那我们的民族将会成为一个伟大的民族。我怀疑妈妈们是否意识到这件事的崇高，以及她们尊贵的命运。

读者中有没有一个妈妈可以公正地声称，自己的孩子由于贫穷、不利位置或相似的劣势，被他们的心灵、身体和精神福利拒之门外？贫贱之家出英雄，大卫从放羊娃出身，却统治了以色列。常常是“不重要的琐事”，在孩子的早期教育中起着重要作用，而我们之所以忽略那些事情是因为它们太平常了。一个为教堂完成了一幅壮丽彩色玻璃窗图的艺术家，懊恼地发现，他的学徒使用被他拒绝的陶瓷碎片做了一幅更漂亮的画。培养孩子也是一门艺术，好的妈妈就是世界上最伟大的艺术家。在每个有序的家里，她的材料、模型和灵感都信手拈来。朗费罗的这句诗肯定是为她而作的：

最好的东西往往近在身边；

在那可雕刻你的艺术灵感。

苜蓿很难种活，因为它需要一种特别的肥料，帮助根从空气和土壤吸收营养。但是它一旦扎根，适应了新土地，就会蓬勃生长。不仅高价值高产量，永远生长下去，最重要的是，还会使土地比以前肥沃四倍。肥料原则之于苜蓿，就像忠诚和勇气之于妈妈。如果她把这件事放在心上，而不是抱怨时间、知识、耐心、文化、精力、自信、仆人、经验和创造性，只要放下几件她现在认为非常重要的事，把这些时间用来教育孩子，她会发现，她在教育孩子上花费的每一分每一秒都会有回报。孩子不再呆笨、调皮、懒散、不听话或者“紧张”，他们其实非常聪明、甜美可人。

这就是真实教育者——父母们工作的乐趣所在。他们将会意识到，教育孩子是最有趣的知识追求，这种有趣，也是对他们付出的一种补偿。有些人更愿意做园艺或实验室试验、去未知的大海航行、读书、写作、译书，但所有这些事情的乐趣都可以在培养孩子时遇到。意想不到的反应带来的惊喜，遥远的一瞥，以及成人做不到的坦率和新奇。

如果有时你的耐心实在耗尽了，但是黎明的曙光看起来还很远，只要想想你的责无旁贷，以及你这样教育你的孩子是多么高尚的行为，就可以鼓励你继续前进。很多大受史书吹捧的伟人给人类带来的不幸比好处多得多。亚历山大、恺撒，或拿破仑，他们的伟大不在自身，而在他们把军营当作家，把在那里培养出的优秀孩子送上战场，战胜邪恶。

第二章
教育还是遗传

正常的孩子都能力齐全。每人都有相似的基本天性、推理和意志、工作的天分，但是这并不是说这些孩子在心灵方面相似或一样，以使大家都能成为圣・弗朗西斯或者莎士比亚，这与其说是可能，不如说是愿望。但是这确实也说明人类在一方面或另一方面，有与荣誉和事业成功的相似天赋，不管他们的工作是脑力劳动还是体力劳动。我们最神圣的工作就是找到孩子能做的，然后因材施教。孩子出生以后，可能成为好人，也可能成为坏人，他最终成为光明使者还是恶魔取决于环境，即教育。影响他身心的任何东西，都是教育的一部分。

只有大脑相对普通，天性会因为环境不同而多种多样。就算千万分之一的大脑才能发展全面，大脑也一般不会让人失望。但让人困惑的是，大脑看起来很小气其实却大方，看起来慷慨却很节约。在这样的矛盾中，或许也能看出神圣的“机会均等”法则，因为每个孩子都有自己特别的优点，因此也有这种优点对应的弱点。这种弱点常被粗心地看作缺点，这种情况在学校里普遍存在。神童的危险在于过度开发的大脑会欺骗身体，对知识的索取会取代对同龄人、务实及身边世界的健康的兴趣。为了使他成为一个教育良好的人，而不只是一个失衡的学者，他需要稳定的指导和理性的控制。相反，发展缓慢的孩子，他的学校生活是精神上的屈辱史，他会被同学们嘲笑和欺辱，为了不让他沦为命运的受害者，需要给他持续鼓励。心理学家都明白这个孩子的天赋是慢生长、长寿、强大型，在森林里就茂盛成长，在花盆里就萎缩，而且他对教室里脑力活动的适应能力，可能还不如让一只大象去刺绣。他自然给幼儿园的小朋友们也留下了让人震惊的绝技。

有的孩子愿意背诵，因此很容易接受“知识就是教育”的谬论，他的人生之路也会很顺利。有的孩子有运动天分，他需要明智的指导和不懈的自律，才能避免自满于类似动物嬉戏的体育。而朴素天然的孩子，在他身上只能看到常识。不管我们喜不喜欢，在那些想把鹰和鹅训练得一样的学校里，这样的孩子受的伤害最少，也最不会搞砸自己的生活。

每一代社会都肩负着处理一大批流浪者的责任。这些流浪者的人数本应毫无疑问随教育在减少的。这些可怜人就算不聪明，也本应被训练得安全可用。如果他们旺盛的精力得到稳定的指导，一些甚至可能成为文学天才、科研先锋或者领导人。我们都见过发展迟缓、不正常、违反常规或迟钝的孩子，他们共同的问题都可追溯到早期缺少纪律的成长环境。

在公立学校最近关于正常和迟钝孩子的一项研究中，研究者针对某些迟钝情况给出了以下解释：

1．孩子有咽喉鼻病，妨碍了发展；

2．孩子紧张易怒；

3．孩子晚上也可以看电影；

4．孩子鬼鬼祟祟、阴郁、自私。

对比报告表明正常和成功的学生一般来自良好的家庭，有关心他们学校进度和家庭教育的父母。

用“智力缺陷”说一个生来大脑就不健全的人，很平常也很方便，但是业内权威们却不这样认为，他们宣称，很多智力缺陷，是由于早期性格成型时期，父母的忽视造成的。更重要的是，个人对社会的价值不应只由智力标准衡量，因为获取并理解知识和信息的能力，只是大脑素质的一种。尽管这种半遗传，半由教育、经验和学校学习获得的能力是大脑最重要的功能。然而这种能力本身并不能为社会做出贡献，而需由其他较为低下的本质和可培养的个性支持和控制。个人获得和储藏广泛知识的能力，不能弥补意志和情绪发展不足导致的失衡。因此虽满腹经纶却没有道德和灵魂的人是社会的危险分子，应该被隔离。

另一方面，常有人因为词语缺乏、理解缓慢、信息不足而没有通过普通智力测试。但是这些人常识丰富，善于从自己的经验中学习，并有工作能力养活自己。这种那种或刻意或自发的纪律，让他们学会控制自己的情绪、锻炼意志力、坚定和可依赖性。这些特点合起来就是一个守法公民，他是一个对社会有用的追随者、下属和助手。

我问一个在智力缺陷检测方面经验丰富的女性，低能的比例是否与贫富有关？她回答说贫富都一样，但由于环境不同，富人似乎更严重。“这些可怜的孩子，”她说，“从头到脚都有人照顾。尽管他们的自救方法就是做自己的事情，还是有人为他们做了所有的事情，以至于他们的无能越来越明显，而穷人因为受制于环境，能做自己的事情帮助自己，他们的不正常就由外而内改善得很好。”

孩子过分呆笨或智力不足，常常是父母忽视培养的借口。孩子可能有明显的缺陷，像弱视、弱听、呼吸问题或其他阻碍成长的生理疾病，但除非专家明确诊断为低能或不可治愈，否则都应该给予孩子必需的训练。许多弱智儿童在我们忽略或发现的某些方面其实极有天分。我们可以列出很多名人，他们也一度被学校认为愚不可及或者不可救药的迟钝，可是那些评价他们的人却忘了，也可能他们从不知道，橡树的种子发芽比南瓜的种子发芽需要更长的时间。

孩子初来世上时，身体尚未发育，照料者往往更注意他们健康和力量的发展。因此智力在童年早期尚未发展的说法，在一段或长或短的时间内仍然合理。而除非特别注意，否则发育迟缓将是永久性的。像初生的婴儿离开特殊照顾和养育就没有力量成长一样，弱智如果缺少照顾和培训也无法改善。

教反应快、学得快的孩子当然令人愉快。但是努力用耐心、明智和坚持唤醒迟钝儿童心灵的人，某天会看到孩子的灵魂和智商就像睡莲一样，从烂泥里长出的死褐色的嫩芽里开放了，芬芳扑鼻。

但是如果在明确和长期的培训后，我们仍不得不接受智商缺陷这个事实，那就应在现有条件下，帮助寻找孩子所有可能的能力，即使智商有限，也使他有一个充实、相对快乐的生活。至少不幸是相对的，智商缺陷远没有高智商坏心肠危险，父母仍可从这种不太高尚的想法中获得安慰。麦考利说过：“降临人类的灾祸，十有八九是因为高智商和低俗欲望的结合。”让我们更欢迎低智商和高尚欲望吧。

有个中世纪的故事，讲一个人由于只有自己找不到热爱上帝的方法而非常痛苦。给他提供住处的修士们，可以祷告、传道、抄经书或整理花园，虽然他的热情和虔诚不输任何人，却做不了这些事情，甚至日复一日记不住最短的祷文，连豆子和杂草都分不清。他的渴望终于促使他想出了一个方法：把自己唯一的可怜天分算作祷文如何？后来，一个聪明人来教堂时，惊奇地发现那个傻子在祭坛前翻跟头，还一边高兴地大喊：“我会祈祷了，我会祈祷了。”那些明智的修士并没有干涉他。

想象一个夏日早上，一个靠在门上、穿白法兰绒服的高中高年级学生，正和几个女孩闲聊。他的爸爸走出来说：“我看到你奶奶正在那边山坡上挖土豆，你何不去帮帮她，然后回来和我们一起吃晚饭？”不驯的年轻人像领子广告的主角一样，抬起下巴，拉长调子，把他的口头禅说了出来："叫我去挖土豆？不可能，没门！"这个场景可和前面那个傻子形成鲜明对比。

谨慎的父母有时会任由不健康的孩子自己发展，因为他们误以为严格的纪律会阻碍恢复。而一味顺从孩子，其实对其身心都不利。一个博士曾研究过一千个家庭的独生子女，也研究了一千个来自四个孩子以上家庭的孩子，发现前者身体正常的孩子比例是百分之十一，后者是百分之六十九。前者的疾病主要由于溺爱、孩子紧张以及消化道不适。大脑和身体的关系是大脑更强。一个衰弱的身体可以有一个有序的大脑，这可由数不清的伟人证明。比如尤利乌斯·恺撒、威廉·奥兰治、腓特烈大帝、蒲伯、斯科特等。

罪犯不是天生的，是后天造成的，道德和举止都不能遗传。看起来像遗传的邪恶，只是后天坏榜样教会的坏习惯，或者父母的过早忽视导致先天性恶习不断发展。多小开始学习都不为早。一个妈妈为自己嚼烟草的七岁孩子辩护，说他遗传了这个嗜好。可他两岁时大概是这样说："看爸爸。"然后模仿爸爸的样子，用舌头当作咀嚼物鼓起腮帮子，摇摇晃晃跑到门口猛吐唾沫。另一个七岁的孩子会套马骑马，大家都认为他是天生的马术师。他一岁左右就坐在爸爸的膝盖上骑马、拉缰绳。开始走路时，这个孩子最喜欢拿着绳子、鞭子或者妈妈的围裙带子假装骑马。如果这个孩子从小除了电车什么都没坐过，没骑过马，还会有谁认为他是一个天生的马术师？

父母不能把责任推给一个祖先，除非那个人曾给孩子做过活的坏榜样。对和错不是天生就懂的，需要学习。正义就像读和写一样，是后天习得。误入歧途的孩子，最大责任在于父母因无知或忽视，在孩子早期没能进行良好教育。

或许前面的专题可以这样总结：个人是否能在社会上找到合适位置，仅小部分取决于天生智商。而智商又会因缺少道德意志和好习惯而降低，结果应该叫作弱智，这个时候智商便微不足道了。大量检测表明，那些测试成绩“弱智”的人在社会上适应得很好，而另一方面，那些测试成绩优秀者却由于情绪不稳定对社会毫无价值。

孩子入学前的几年是可塑期，许多家庭错过了这段时间，这是导致孩子生活失败的主要原因。这些原因还包括懒散、粗心、冲动、意识模糊、无法保持注意力、无法持续工作，以及不能从自己或他人的错误中受益。这些失败的原因都是七岁前养成的习惯的恶果。远见、审慎、紧急处理能力的重要性，都不低于学习能力。没有这些能力，智商不只没用还可能有害。因此，说缺少纪律会导致缺少这些能力是合理的。毕竟，“大脑”并不比稳定的情绪、自制力、可靠性、目的性及毅力——这些特点都是早期规律性教育的结果——更有价值。教育的一个主要目的是提高个人的环境适应能力，以及对自己可能遇到的任何情况的调节能力。因此早期就应该训练他这些事情。否则情况出现的时候，他便会像个笨拙的新手，无法通过残酷的考验。在混乱和有序的政府之间，天堂与地狱之间，黑暗与光明永无休止的暴力，被我们的妈妈们以只胜不败的好家教成功平息了，我们见证了我们时代的这一切。每个有秩序有纪律的家庭都是文明失调的克星。

如果你能在孩子七岁前认真教导他，以使他快速执行你的命令，立刻停止不能做的事，不叛逆，不质疑你的权威，不问你为什么那样要求，不抱怨，不生气，不发脾气，能够助人，懂得尊重，有爱心，会思考，你就不用担心他的未来了。你孩子的教育已经完成了四分之三，你只要继续做你已经开始做的就行。如果在这些之外，你还用我说的这种简单彻底的方法，教他们使用五官，帮助他们习得词语和常识，你的孩子不需要书本就能完成教育。即使不进学校没有老师，他们也能热切地继续学习。

第三章

心理学和教育学

家庭制度带来的五个方面，决定着孩子学校生活成功与否：

1．立即服从的习惯。这个习惯是日常课程中植入，并不断强化养成的。主要目的是培养孩子几乎自动地对父母的召唤和命令立即回应。

2．对上帝的敬畏。这不是天生的，因此需要小心教导。他必须学会对慈爱的万物之主保持谦卑和信赖。

3．工作的习惯。许多学校生活失败的孩子，是因为爱玩的天性发展成了玩的习惯。他们只知道“兴趣”学习，这是对“努力”危险而方便的置换。在童年早期，我们必须学习工作以及怎样工作。因为以后的生活中，世界才不会为了哄骗我们工作，而娱乐我们。闲散娱乐的习惯意味着学校生活的失败。

4．服从的习惯。五官的应用需在日常简单课程中服从训练。不管学校的老师多么能干，学校也完不成这个任务，但是学校可以对其进行补充并继续训练。而且到入学年龄，孩子已经过了五官应用训练最重要的基础部分的学习时间。

5．好词语。很多学生学校学习不佳，是因为他们不懂用来表达和形成想法的词语的意义，也掌握不了课本的语言。在孩子早期的可塑时期，家庭可以帮他储备这样的词语。

要达到教育的目的，教育过程必须包括宗教、道德、身体锻炼、心理锻炼。

宗教

所有教育都应建立在对上帝的坚定信仰和绝对服从上。孩子必须知道或意识到，他所见到的每件东西都是万能的造物主的杰作。虽然有时候我们不能理解上帝的方法，但是我们可以向他祈祷。

道德

孩子懂得敬畏上帝后，再教他分辨好坏、唤醒良心、憎恶邪恶就很容易了。

身体锻炼

教育应该表明，身体是不朽灵魂的神殿，应该保持强壮、干净，适应造物主分配的工作。重视即使是健康的身体态度对心理的影响。知道正确的站、坐和呼吸姿势，是心理和身体的双重训练。

心理锻炼

心灵可能好也可能坏。好坏的发展部分取决于学校教育，但主要取决于宗教教育以及身体和心理锻炼。学校教育是必要的，但远不是教育的主要部分，而应是二次教育。

我们把十岁以前分为三个阶段，每个阶段都需要独特的方法和指导。三岁以前由动物的天性主导。孩子主要学习指引和控制肌肉，教育主要集中在形成正确的身体习惯和自制。为了为感官发展做准备，孩子应该学习本书在纪律、玩、观察几章中的简单课程。

三到七岁是身体的快速成长过程。除了照顾渐渐苏醒的心灵，肌肉和神经训练就是主要课程。这是获得感官体验的重要阶段，也是通过建立对神圣力量的信任，打下宗教基础的重要阶段。

七到十岁智商开始苏醒。通过对看到、听到、感觉到、尝到和闻到的实物的认识，孩子渐渐认识相关事物。通过处理孤立事实，他开始学会把事实联系起来。之前他还停留在实物阶段，但现在知道推理了，而且知道从因到果，从果到因。教育学上说这是从具体到抽象、从特殊到一般、从已知到未知的过程。不是说暂停肌肉和感官训练，而是我们现在应补充明确的大脑训练。我们应直接给予基于宗教的道德指导。这期间孩子需要学习阅读。

这种以年龄做的分类是相对粗略的。心理年龄和身体年龄都要考虑。不是照本宣科，而是对个别孩子仔细研究，以便了解这个孩子需要什么指导。没有两个同龄孩子需要同样的学习，因此对同龄的孩子进行同样的训练，并都取得成功是不可能的。上天一个一个地创造了我们，为了强调这种独一性，没有两个人的身体、思维或心灵是一样的。

从浴缸塞、打字机键盘到孩子的思维进程，美国人对标准化的热衷包罗万象，目前还成功使各学校以同样的原则和方式给学生分级归类。口号是“批量生产和互换部件”。学校的一个可怕暗示是，智商标准会很快应用于教育，就像标准测量应用于实用领域一样。这种情况可能更适用于低等动物，因为它们的性格比我们简单规律，比如狮子勇敢凶狠，羔羊柔弱无害，但是上帝却没有给人类的性格划分统一标准。以孩子的答案分类，显得教育系统的测量标准根基不稳。因为答案可看出孩子的教育方式，却看不出他的智商水平。蒙特梭利训练痴傻儿童，使他们通过了正常学生考试的事实，就说明了这个情况。对孩子智商以及对他将要学习的课程的指导，在于他的问题而不是答案。

一个六岁女孩参加分级智商测试，校长问她：“如果家里着火了你怎么做？”她回答说不知道，结果被判为低级别智商。可是当我问那个校长同样的问题时，他也回答不知道。他想在行动前搞清楚大火的原因、程度、位置和燃烧方向。本书的三岁，指孩子的问题，表明他对周边环境而不是对食物、走路、睡觉更感兴趣，指他想知道事物的名字并想学习。这个时候可以开始教学了。

第二或幼儿园阶段向第三阶段的转变不难发现，第三阶段是指智力发展阶段，这时候他已经会问原因，比如“为什么玫瑰是红的？”“为什么我不能像鸟儿一样飞？”“什么”属于第二阶段，“为什么”是第三阶段。我想在这里说，也是我应该多说几遍的，不管受到什么刺激或诱惑，不要加速阶段的转变，这样做就是阻止和破坏你最甜蜜的希望。你想杀鸡取卵吗？把这个家庭座右铭记在心里：如果你不确定是否要教一件事情，那就别教。

我们不用一点点讨论婴儿的训练。没有妈妈会承认她们不会照顾或培训婴儿，但是前几岁需要极强的本能和智慧，这将主导他的未来。例如，自制是教育的硕果，而自制的基础却是规律的进食和睡眠时间。两岁左右的孩子要保持健康、驯良和服从。纪律、玩耍、工作及身体锻炼，应合理安排在三岁前的日程里。

接下来是家庭幼儿园阶段，这往往决定着这个孩子是会成为有用的人，还是社会的负担。他醒着的每分每秒都在学习，事实上连睡着了也像在学习。他开始意识到周围的环境，有具体的体验。这是培养正确身体和心理习惯的好时期。三到七岁的教育比整个学校生涯的教育还要重要。这个时期的孩子与长大后明显不同，细心的照顾和规律的指导，比一生中任何时候都重要。父母的无知或忽视会留下无法磨灭的伤疤，而这又是最容易被忽略的阶段。请妈妈们自问为什么？

感官训练是心智成熟的重要基础，在孩子们自然转变的时候加以适当的感官训练，可以使孩子的心智提高四倍。如果可以颁布这样一个法律，政府应该令学校和家庭有做这个合理培训的责任。初学者的注意力已经转移到外部事物。小孩子正眼观六路耳听八方。这是自然法则在对孩子进行初步教育，通过这种好奇使孩子熟悉外部世界，思维之门已经打开。三岁以前就要对五官进行适当训练，并持续到身体发育，否则留下的缺憾是成人生活无法弥补的。

这段时期语言能力也开始建立。孩子应学习清楚正确地发出元音和辅音，学习日常事物的名称、看得见的特性和用途。只是这些课程只能就单个的事物进行，因为孩子还没有联系能力。上升的水汽和下落的雨滴，对这个年龄的孩子来说是两件独立的事物，他还不能把水蒸气和雨联系起来。他还不会问为什么，因为他的推理能力非常有限。他也不懂普遍性，他要从许多独立事物中学到同样的事情后才能归纳出普遍性。

以斯帖[①]拿来一棵草，教她认识根、叶等不同部分，教她辨别草是否开花结果以及草的名字。第二天她拿来另一棵草，又重复了前一

①以斯帖：《圣经·旧约·以斯帖记》中的女主角，公元前5世纪中期的古代波斯的王后，她是一位美丽善良的犹太女英雄。——译者注

天的课程，没有下任何结论。就这样重复，一年或三年后，这个孩子将会意识到她看见的所有植物都有根、茎、叶、花和种子，这个抽象结论是她一生中重大的发现之一。但不要加速这一进程，让她自己得出结论。这种简单的方法帮她打下了精确推理的基础。就这样从不同的方向前进，她渐渐就知道了大自然的基础法则，并理解《创世记》中的伟大真理。

观察力和语言的培训，应该和服从、自制、勤奋的培训一起进行。进行这些课程的最好方法是做家务，认真选择适合孩子年龄和力量的事情，让他准时规律地完成。“帮助妈妈”是最有益的训练方法。幼儿园时期是妈妈最好的机会。家庭可以让孩子全面发展，其必要性不必多言。每项技能都有适合发展的特定时期，不同技能的教育最好在特定时期进行，否则一生都会因此受到影响。

在这重要的早期，教导应是个别的、精心计划的，以便呵护敞开的心灵，同时也可以任其自由发展。这种“听其自然”的重要性可以由洛威尔的诗说明：

没人知道他怎样学习
一小时又一小时
他凝视着飘落的秋叶
对着无名的小花沉思

万事万物都在教他
以它们善美的本义
野草顽石和春水
呢喃着力量和神秘

他随时光而逝
昼夜模糊了记忆
留下美好的大地
因他承载更多情意

请妈妈们去大自然中寻找激励、暗示、鼓励和修正吧。问一朵小花能教你什么，你会得到回答的。森林则能教给你更多。这不是空谈，因为孩子的成长就像树一样，每棵树的生长都受制于大自然的法则。我脚边有一个刚被砍过的大云杉树根，正中间有一个人瞳孔大小的黑点。黑点周围是第一个清晰的圆，半英寸宽，标志着树苗第一年的成长。这个环外是第二个同心圆，一英寸宽，标志着第二年的生长。这样的圆共有五十个，像排字机一样清楚地诉说着这棵大树的生命。出生、好的成长期、冷酷无情的夏天，都有自己的篇章。这棵大树适应了环境，总体来说算正常生长，今年多长点，明年少长点。半个世纪的晴雨、风暴一起构成了自然法则。

这棵云杉旁边还有一棵云杉。它也是1871年出生的，那个瞳孔一样的黑点，供给它所需的营养。但是这棵树不是对称的，而是向一边倾斜。树心不在中间，年轮线也不规则。北边前十年的年轮线和南边一年的相等。因为缺少一部分，每一部分都不健康了。心灵、脑力、身体不是独立生长的，强行分开它们只会带来灾难性的结果。如果高级功能没有发展，人类就会比野兽还低级。如果脑力的发展以牺牲身体为代价，人将会瘫痪在地，而不是发展得更好。

下面给老师妈妈们一些提醒：

提前准备。提前一天做计划。不要把一天当几天用。日出到日出是最完美的循环。尽量使一天充实。晚上检查一天的记录，盘点错误和疏忽，第二天尽可能做对。不要焦躁，以免在一年或一季里没能完成什么。“一点一点往上加，你会有大飞跃的收获。”

不要想着立即可见的结果。种子发芽需要时间，植物扎根也需要时间，而你肯定不能时不时挖出来看看它长得怎样了。因此不要要求孩子给出信息或结果，如果孩子忘记了你觉得一直在教的事情，也不要失望。

孩子学得很慢，不要失去耐心。养蜂人可以告诉你，新蜂蜜有时会有奇怪的气味和味道，蜜蜂把它封起来后要留在蜂巢中等它成熟。只要你的孩子愿意服从，学着礼貌、体贴他人、自制、帮忙、自己亲手做事情、观察、在这样那样的课程中学习新单词，就不要担心，也别催促他们。

让事情简单而不是容易，因为孩子不怕难。找出孩子能做的，然后让他去做。正确的教学需要努力而不是忧虑。环境也不要太温和。

不要给二手知识附加价值，也不要往孩子的头脑中充塞信息，即使是最好的信息，就像不要往胃里填塞食物。教学过度比教学不足害处还大。把不相关的零碎信息塞给孩子，看看他掌握得怎样，这种欲望就算对经验丰富的我们来说也过头了。现在大脑还不能持续接受一串事情，没有修养的人才会硬塞给它超过它吸收能力的东西。就像在只能种两蒲式耳[①]麦子的土地上种四蒲式耳，结果什么也没收获。看一个人的教育程度，不是看他有多少知识，而要看他能用自己的知识做什么。看一个妈妈会不会教育，不是看妈妈知道多少，而是看她能不能让孩子做对他自身有益的事情。一个为家庭忙碌、需要每个家庭成员帮忙的好妈妈，过度教学的危险，远小于一个无事可做，把孩子留给保姆、女家庭教师或幼儿园的妈妈。

允许我继续用森林学名词解释教育，好的护林人会关注小树应该发展的方向和形状。他相信土地、雨水和阳光，在该支撑和修剪的地方毫不含糊；知道强壮的大树需要成长的时间和空间，绝不会在花盆

①蒲式耳：英美制计量单位，蒲式耳与公斤的转换因不同国家、不同商品而有所差异。——译者注

种植橡树。到达终点的路很多，好老师会通过观察自然和人性，选择简单清楚的那条。对教育先入为主的观点，在面对孩子具体操作时就不合适了。人们常听到学校老师的妻子说：“我们有了孩子后，我丈夫的教育观点彻底改变了。”教师需要跟随学生，从他的问题判断出他能学什么，然后教给他。

好的指导开始得越早，留下的印象就越深。让优秀，而不是伟大，成为老师妈妈的目标吧。“做个好人，孩子，谁想聪明就让他聪明去吧。”让梦想未来的人去伟大吧，你还坚持想照老式的标准把孩子培养成勤奋、有礼、服从的人吗？怎么做到这些，不是一天、一季或一年能说完的。这意味着一字一句的努力。“每日一笔”，是普林尼赞誉伟大的希腊宫廷画家阿佩利斯的话。

第四章
纪律

无论何时何地，只要人们在一起工作和生活，设定规则和措施，来保障和平进步和繁荣都是必要的。急迫的必要性产生纪律。不少妈妈认为纪律是惩罚工具，也这样使用。但是韦伯斯特认为，纪律是学习者最好的待遇，不管是通过指导和锻炼发展技能的教育学习者，还是身心和道德训练的学习者。纪律的本义是训练或教会服从，使动物天性臣服于代表人类意志的法律。纪律意味着控制，目的是养成良好的自制力。老师妈妈们要知道我说的纪律就是这个意思。军队纪律这个词，常被人误解和误用，它与我说的纪律完全不一样，用在孩子的教育中也颇不合适。

教育离不开纪律。纪律是集体利益和个人利益的根茎，没有纪律就没有体系，没有体系就不可能有真的进步：没有学校和有效的指导，不能做伟大的事业，民主也会死亡。好父母会使孩子得到身心有序的训练，培养孩子服从正当的命令。

从小就知道生活要求我们必须做某些无法逃避的事情，是一件好事。孩子总要面对严酷的世界，那里责任就是责任，一点也没有趣。他们要每天重复同样的事情，不是因为这样做有什么好处，而是不得不这么做，否则就会成为失败者。童年的每一天都要为这种生活做好准备。孩子仅善良、有感情、体贴还不够，规律地训练他们做告知他们的事情，而不问这样做是否方便他们自己，非常必要。要身心服从命令需要很长时间。

纪律要建立在人的天性上，因此要好好研究孩子，观察孩子像植物一样成长。这棵植物有时以可喜的对称状态一片片舒展枝叶，有时却休眠很长时间，但不要沮丧，它肯定会再次绽放芬芳的花朵。这种情况有些书虽暗示过，却没有详细信息，但也可以帮助我们。

学习为人父母也要慢慢来。好孩子对父母的训练比孩子自己得到的还多，因为我们想让孩子成为什么样，我们自己就应该是什么样，而且言行一致。一个老哲学家提醒我们“不是叫声，而是那只野鸭往上飞的动作，使得鸭群追随它向上飞去”。同样，孩子是热心尖锐的观察者，记忆长久、毫不宽恕的坦率批评家，言行不一对他们没有影响力。因此不妨每日自问：我言行一致了吗？有没有因为孩子某个受我影响的缺点批评他？我的政策是不是“照我说的做，而不是照我做的”？我奖励或惩罚时根据的是正义还是个人喜好、情绪和权宜之计？

尽早开始吧！正常健康的婴儿是可教导的，但是父母的忽视可能破坏这一点，使孩子变得不可教导，不可教导的孩子不可能成为理想的公民。因此在种子时，在你还可以保护和教导那棵小树苗时，培养孩子的性格吧！自制才能产生意志，而自制需要健康的身体和良好的习惯。会说话却没有自制力的婴儿说明没教好。对权威的意义和力量的教学永不嫌早，等到孩子面对必须做的事表现出立即或犹豫时，教育到此为止了。

对孩子的忧虑和烦心多是由于错误的家庭安排。既然知道规律是成功的基石，就要用对方法。把你的家务计划系统化。做出一张日常事务表，你和孩子都要严格遵照执行，这样孩子就会知道“接下来干什么”，是吃饭、睡觉、游戏、带孩子或是帮助妈妈做别的。其他时间则在质问和抗议中过去，当然，如果孩子有时抗议是情有可原的。

公正

不要因为害怕孩子疏远而宽恕错误、避免惩罚，善意严格的纪律不会抹杀爱。孩子崇拜公正，就算这会给他们造成疼痛和不便，他们也希望一报还一报。他们可能会反抗应受的惩罚，但是如果家长或老师轻易放弃惩罚，就会让他们不再受到尊重甚至被轻视。严厉正义地管理孩子的人，会获得孩子的尊重和持久感情，而那些屈从讨好的人肯定会失望。人们常听到孩子说：“我不喜欢新老师，她让我们想怎么做就怎么做。”或者更糟的是：“我们不懂的地方，她假装我们懂。”对忽视或拒绝服从的惩罚，表明命令必须服从，必要的话，好妈妈为了强调这一点可以打孩子的屁股。

坚持

每次错误都要纠正，而不是只第一次出现时纠正。不严格执行的话，其确定性会受影响。初次错误总会有辩护。可即使一点小过失，第一次被忽略或宽恕的话，也会很快变成习惯性错误，最后养成习惯，招致更多的严厉惩罚。沉溺于某一种情况会使惩罚不公正，难以承受，也会降低影响力。如果同样的错误再犯又被原谅的话，孩子自然会想什么时候会受到惩罚，为什么同样的事情有时是错的，有时又是正确的？因此好奇和天生的赌性会导致第三次犯错，因为孩子想知道“下次会发生什么”。

诚实

不要对孩子的过失视而不见，或把调皮当“紧张”，坏脾气当“敏感”。多少妈妈坚持认为她们的孩子特殊，很容易被词语、爱、理由控制，却不能忍受命令，任何使他们服从的企图都会损害他们的中枢神经系统！

别把孩子当玩具

父母有时会说："我希望孩子过得比我容易，我的父母太严格了。"事实上，就是那些成员积极响应、互帮互助、彼此有礼、没人逃避自己的责任的家庭最幸福。我们谴责早期的严苛纪律，但如果你想知道最悲惨的孩子什么样，想想那些一直随自己性格的孩子。他们才厌恶并蔑视他们那犯错的父母。幸福其实就是对生命的关怀，我们这里说的幸福是真实和持久型的。在一个满是阻力的世界上，等待那些没学过阻力，不习惯自我否定、没有自制力的人的，只有不幸。

注意不要让家人都围着孩子转，孩子应该调节自己，配合他人。不要让他带着"世界是围着个人转的"想法长大。个人应在集体利益和幸福里寻求自己的幸福。教育孩子选择次要地位，不要纵容他们因想要某种东西，而吸引别人注意力。或许就是现在你要求他们做的自我牺牲，以后会帮助他们。自我否定需及早练习，否则无用。

保持孩子工作规律。每天定时做定事可以锻炼孩子的性格，提高忍受力。这种方法可以助你使孩子身心和生活有序。教育必须包括一定量的艰苦严肃的工作，十二岁前，这项训练越早完成，新的好习惯越容易养成。大约十二岁时，性格开始形成，尽管孩子还远不能正确判断，但使用强制力越来越难。除非他已经习惯，否则规律工作就是项苦差事。老师妈妈当然要学会判断，她永远也不能成为苛刻的工头。所有事情都要“适度”，即使是最高贵的愿望。但是要让孩子明白自己的责任，跟随你的计划，在生活的磨石上悄然转变。

除非父母觉得孩子可能受伤，否则放开孩子的手。让他们犯错和承受后果。他们玩耍时，悄悄关注他们，不要被他们察觉，不要干扰他们天真的恶作剧。

仔细权衡你的命令，不要乱下，但是一旦下了，就要保证孩子能够理解而且完成。命令要少，要清楚和必要，要看着孩子执行。说出命令前，确保孩子有能力执行，你的话就会有效。养成平稳地告诉他做什么的习惯，但不要容忍他告你状。对权威安静地服从可以锻炼性格，让孩子习惯甘心顺从简单的“不”。给他对他有好处的东西，而不是他喜欢的东西，但不要说出来。简单的“不”比任何解释都有力，也更容易被接受。你不需要强调什么，孩子自会接受。

最微不足道的婴儿也想要随自己心意，当他感觉到他让你生气或扰乱了你的冷静时，他在某种程度上得到了自己想要的。他可能没得到想要的某种具体东西，而且企图逃避你定下的规则，但是他迫使你不停解释，表现出紧张或担心，他就会很满足，因为他成功吸引了你的注意，成了地球的中心。

纪律的问题主要出在给予命令的方式上，就是说孩子听起来像恳求还是命令。如果你简单自然地告诉他做什么，孩子会更乐于接受，而不会表现出可憎的美国病“神经紧张”。

早在习得集体纪律前，个人纪律、服从的习惯就应养成，否则我们就伤害了人类天性。一个好的管弦乐队给不懂的人留下的印象就是集体训练，而其实在集体训练前，大师已经对大家进行过一对一的训练。孩子需要控制，他们需要一种强大的意志力指导、约束、限制和稳定他们。只有这样他们才能获得真正的力量，不会养成冥顽不灵、刚愎自用、愿望低俗的性格。父母常原谅孩子的违抗，认为孩子要发展“个性”或“创造力”，纠正或控制会让孩子胆怯的想法，也让父母懈怠。仅仅提到体罚，就会让我们那些自封教育者的父母恐怖地绞紧双手，觉得打一个小孩子实在不公平而且残忍。

如果孩子不能甘愿服从父母的权威，就没有安全和幸福可言，因为父母的权威可以教会孩子自制和尊重智慧。只有这种方法才能教会他亲吻上帝向我们所有人伸出的惩罚的枝条。学会服从的孩子已经完成了一半教育。有纪律的孩子不会胆怯、阴郁和专横，父母的纵容不是爱而是恶。对违抗父母命令的惧怕，是教会孩子惧怕人类法和上帝法的基础。培养服从的习惯可以不假艰苦之手，虽然免不掉惩罚，但是如果幼年没能养成，就很难说不经过苦中苦是否养得成了。

孩子不能质疑或批评父母的命令。这方面你不必害怕过于严厉，否则孩子会得寸进尺。如果这样的批评不加抑制，孩子会立即以为他已经完全有权力指出你的错误，并且会刻意找你的错误。这些都不是突然的，我们常因为外力，才发现之前一直没看见的事情。让孩子觉得自己只是小孩子，不能指挥大人做什么。他们也不能评价要他们做的事，不能讨论什么是好的坏的。他们对好坏一无所知，但在无意的谈话中，他们以为自己知道了，命令语言越少越好。“因为妈妈告诉你”，简单清楚、亲切充分的理由，孩子会满意，你也很开心，还可以避开那个可能会过早到来的阶段——你的孩子使性子告诉你他不同意你的看法。

孩子是否质疑父母的权威或判断，或服从命令前寻求有说服力的证明，这些性情的检测每天都要进行。孩子是不会自愿改掉这些错误的。想想一个妈妈，因为没有被驯服的十二岁孩子，遇到的困难和羞辱。私自认为，一个正常、健康、值得养育的男孩，不用鞭子不可能训练成功。

孩子觉得是否服从命令可以选择时，所有妖魔都在心中复活了，他当然会说“我不”。看一个我只能观察而不能管制的三岁孩子让我很痛苦。他妈妈会说“吉米要这个吗？”吉米不要。那可能是他午饭应该吃的面包。“但是这对吉米有好处。不吃的话吉米晚饭前可能会饿。”晚饭还早呢，不能影响吉米。“如果吉米不吃妈妈给的东西，长不成男子汉哦。”男子汉比晚饭还模糊不清，影响力更小。这样几次之后，孩子养成了拒绝的习惯，这时候不得不使用强制执行。

他还是拒绝。一天吉米想从篱笆下爬到牧场去找那只花斑小牛，爸妈解释说有一头脾气暴躁的公牛统治着那里，但没用，他还没看见公牛。每次爸爸一放开吉米，他就想去篱笆那儿。最后，为了救孩子，爸爸狠狠打了他，还打了一次又一次，可吉米不但没有服从，反而每次一从爸爸手中挣脱就朝篱笆跑去，反抗地大声叫喊。最后公牛出现了，使劲踩着大地，对吉米嘶哑地咆哮。直到那时，因为完全吓傻了，孩子才不再挣扎着要去，也不再像在之前的场合一样，要战胜父母。这对学者风派、“进步分子”夫妻认为，要养育一个积极的男孩，就应坚持那个摧毁灵魂的原则——“永不要对孩子说不，永不要对孩子说必须，永远永远不要打无助的孩子”。而这次事件对这对父母来说，无疑是一个三岁孩子所能做的事情的病态峰点。

在给男孩树立纪律方面，爸爸不应把所有事情都留给妈妈。有些遗憾但却是事实的是，聪明男孩很早就学会嘲笑女性的判断。妈妈一般心软，她要假装严格和公正，因此有效执行显得更困难。就算她聪明、热情、能干、意志坚强，她的智慧和权威在男孩那儿获得的尊重也比不上爸爸。女教师也是同样的情况。十岁以上的男孩就应该由男性教育，但在一个男性不喜欢教师这个职业的时代，想要男教师也没用。

不幸的是很多爸爸把带大男孩的工作全部留给了妈妈，因为他们说不想在辛苦一天回到家后还受到烦扰。因此他们最大的任务就是摆设，对孩子的调皮不管不问，很快小伙子就到了管不住的地步。白天，妈妈体贴地不以孩子的事情打扰爸爸，但是爸爸应该自己意识到，这样做会对孩子的未来产生什么样的影响。考虑到这点时就会发现多大牺牲都值得。在爸爸敏锐的眼睛下成长的男孩多么幸运！

只有孩子理解为什么下一个命令时才能要求服从吗？不。这是与大脑成长相悖的。服从是一个习惯，应该早在大脑可以接受与事实相关的解释前就养成。仅言语劝告，孩子是不会服从的。单凭语言不能让孩子了解，孩子还需要权威。权威是因，服从是果。权威和服从揭示了引起我们所有事情、幸福和痛苦的因果关系的法则。顺从和对权威的认可，是学习成功的基础。如果学生做不到这两点，最好的老师也会失败。

许多聪明的孩子，在学校尽管很热心学习，但还是没学好，因为没有人教过他们按照告诉他们的那样去做。可能他们的大脑愿意去做，但他们散漫的身体却破坏了这一美好的愿望。他们毫无意识地拒绝指导。但丁说，好意图正是通往地狱的铺路石。训练会迫使懒惰反抗的身体服从意志力。

在孩子相对有限的经验范围里的事情，他可以理解相关的解释，得出结论，但他却不能就这个范围内的所有事做出推理。推理能力是经验和训练的结果，需要评估和联系事实的能力、判断和比较价值的能力以及得出结论的能力。既然孩子开始时意识不到事实，他怎样推理呢？婴儿世界的一切都是放大和夸张的。桌子高过头，一日比后来的一年还长，成人是不一样的族类，二十岁已经太老，事情的好坏取决于影响，错误总是被发现。孩子有自己的理解，我们不能替代。“泰迪，你是不是把那只可怜的小猫扔进水池了？”泰迪抬起头，眼睛里透着沉思：“萨莉阿姨，（要是）你看见我做了，我就做了；（要是）你没看见，我就没有。”

让孩子自己做决定要慎重。做决定对大人都是一种负担，有人还因此患病。而小孩子每天却不得不做二十个决定。他要做这做那吗？等他终于下定决心时却发现那根本不是他想要的，他又要想出二十几个方式改变情况。如果他不用自己决定服从与否，就连挨鞭子还是桦条都有人代他决定，他一定会非常满意和高兴。这解释了为什么娇弱的孩子在遵守呆板纪律的简单过程中常常越来越健康。

大部分孩子都聪明。他们甚至能意识到自己理解力的匮乏和不成熟。“我不知道，我还是小女孩。”但是这种聪明尽管很珍贵，却不能由此认为孩子有能力判断对错、真理和责任。小孩子通过大人的判断才知道对错，父母的榜样和训诫是他的指导。“我孩提时，就像小孩那样思考。”确实是这样。不能像对待大人那样对待孩子，把成人的头脑加在幼小的肩膀上不公平，也很愚蠢。如果我们可以把个人经验转换成语言，我们肯定不愿意小孩跳跃式成长。秋天的果实不应该在春天成熟，即使小孩的身体很强壮，我们也不应该期望他有超过年龄的技能和工作。

“但既然劝说也能达到同样的效果，”有人问，“为什么还要坚持老式的服从权威论呢？”劝说达不到同样的效果。劝说的效果是暂时假装的，一旦效果不再，就会彻底失败。孩子服从，是因为他的大脑告诉他服从有好处。而孩子为了停止你的劝说，只有做出被说服的样子。一年年过去，解释和劝说的内容也会越来越多。即使十二或十六岁，孩子可能也不能完全理解为什么某种关系或娱乐要被禁止。但是为了身心健康，他必须服从父母，而他乐意这样做。词语解释有时连大人也会困惑，我们所做的劝诫孩子最多明白十分之一，并且常得出与我们想要的截然相反的结论。一个小女孩在画基督教殉教者时哭个不停，因为“一只可怜的小狮子却没有任何殉教者”。有位老师觉得很高兴，因为一个小犯人全神贯注地听她加长的关于改革的呼吁。可她第一次停下时，那个小孩就问：“你说话时，是上颌还是下颌在动？”

有那么多的事情都需要理由。当然，你不可能下没有理由的命令，但是有理由，和把理由解释给孩子要求他服从，完全是两回事。“因为妈妈比你懂”就可以搞定。让孩子自己判断是否服从有危险，如果你解释完了孩子还是不愿服从，你还是不得不使用权威。如果认为权威理所当然会好得多！

对待违抗就鞭打的老式方法当然有些残忍，但如果你这样看，那每种惩罚的方法都有不公。如果没有适度有效的惩罚，可以衡量一下会发生什么。对吉米来说就是被顶伤，而那些觉得体罚残忍的父母，则最终把他们可怜的孩子送进了监狱和疯人院。

或许我的读者中就有这样为训练任性男孩而伤心透顶的妈妈，这些妈妈舍不得惩罚孩子。其实你们可以放弃了。这种温和的方法适用于愚蠢、怠惰、迟钝的孩子，不适用从头到脚都活跃的孩子。二到四岁的小孩行为不良，一根小桦条或柔软的胸衣托就够惩罚了。要求“解释”无用，还会让他们紧张沮丧，而适度揍一顿则会立即见效，而且避免因过度惩罚、责骂、坐椅子等给孩子带来的坏脾气。这是“不，我不”最好的治疗方法。身体上的疼痛会提醒孩子不要调皮，而要甜美、顺从和宁静。

绑在椅子上关小黑屋，这样的行为更可能激起孩子的怨恨，而揍一顿更容易接受，也更能记住。没人想伤害一个孩子，但一顿明智的惩罚不会引起真正的痛苦，虽然为留下持久印象，暂时必须忍受剧烈疼痛。多少孩子曾跟好朋友说宁愿被揍一顿也不愿老挨骂，而且还说挨揍一会儿就完了，但却难以忘记。

刻意延时或残忍地加长时间的惩罚的一种理由是，那种惩罚几乎是在考验孩子的体力和耐力。有些父母会把孩子绑桌腿上，规定说只有他道歉，或保证不忘记改正等才能放开。孩子感到挑衅，也表现出挑衅。孩子叫喊挣扎，并计划着长大后如何报复。而全面执行的体罚，只会让孩子变得温顺，而不会留下怨恨。我写这么多，是因为关于家庭和学校都有人在宣扬体罚残忍，结果导致我们的法庭和监狱里都是年轻的罪犯，他们的成长过程没有纪律，在该接受命令的时候只受到哄劝，只做“感兴趣”的事，而不是接受工作。

把握好自己。不确定你对的时候不要行动，惩罚的时候就要彻底。如果孩子固执或怨恨，那是因为你打得轻，他没感到痛。让孩子照告诉他的那样做。第二次拒绝应立即进行第二次惩罚。不能让孩子拿下你。不要听信他在“教育自己”的废话，他只是在想怎样得到自己想要的。尽你自己的责任。随着孩子长大，我们要让他们明白做错事总要受罚的。耽于打扮的孩子会发现自己散步或其他娱乐已经迟到了；乱丢玩具的孩子应知道他太小了不能要玩具；餐桌上举止不当的孩子要立即离开，这样才不会惹别人生气；自私的孩子只能自己玩；焦躁或无原因哭喊的孩子应该自己在安静的房间休息。

孩子因为做事或忽略了什么事，如何判断什么时候该纠正，什么时候最好无视？让我们问问自己，五年后这样的事故或行为还会引起异议吗？如果我们确定会有异议，就需要改正和压制，而最好的行动时间就是现在。我们必须时刻保持警惕，才能知道什么时候该行动，什么时候可无视。只给非给不可的命令，然后不断强化。

惩罚只是管理孩子的一个阶段。孩子的身体条件与情绪和行为的关系很容易看出来。身体健康，好的生理习惯、锻炼、食物、饮料、合身的衣服、工作——所有这些都可能成为好孩子与“坏”孩子的差异。婴儿感到累、饿、渴或困的时候，他会“发脾气”或者淘气，不寻常的兴奋或过度关注也会让他生气。不要让孩子长时间没有食物，饥饿会让成人也失去自制力。如果早餐较早，正餐在正午，那十点到十一点应该有小吃，不然孩子就会贪食或淘气。一片黄油面包、一个苹果或一杯牛奶都可以。不要给甜点，太多糖对孩子神经不好，也会破坏纪律。下午，小睡片刻即可替代午餐。

在早上进行教育和训练，而不是晚上，因为早上孩子更容易受影响。小孩子很辛苦，甚至比我们辛苦。他浑身毒素，神经刺痛，夜晚的来临让他焦躁不安，麻烦不断。有的妈妈每到傍晚时就和孩子争执，直到两人都筋疲力尽才罢休。如果说什么时候可以忽略调皮和哭闹，那就是晚上，不过要在孩子没有意识到的情况下忽略。要改变这种情况，可以玩游戏、讲故事、喝水（确保孩子经常喝水）、给孩子抚慰和拥抱、洗个温水澡或者哄他睡觉。但是上午不要容忍任何胡来。首要事件是保证孩子有许多事做。事先准备好，在孩子想调皮时给他事情做。保证他有玩具、做木屋的树棍或其他过家家的游戏。

告诉孩子做什么之前，想好他能否胜任，然后简单地说做什么，保证他毫无异议地完成。

如果在进行这项课程时有别人在场，不要让别人造成干扰。把孩子的福利放在所谓礼貌的前面。任何在孩子面前批评父母做法的人，都有意无意做了恶魔的密使。

“杰克，到妈妈这儿来。”“现在，去门那里。”“现在，来妈妈这里。”“现在，把报纸放桌上。”这些简单的课程，如果深思后简单和耐心地进行，并坚决执行，结果就是毫无疑问地服从。不要一次下两个命令，一次只简单明了下一个。

孩子最初抗拒权威是为了好玩，他觉得自己要做禁止事件了。但你叫小孩子的时候不要让他跑掉。不要和孩子玩这种游戏，以后你会惩罚你教他的这种性格的。

有序规律地命令。给每个孩子准备一个够得到的钉子或衣架挂衣服和帽子，让他们进门时把东西挂上去，保证他们每次都这样做，而不是偶尔做做。挂好自己的东西是很好的起始课。他们知道这非做不可后，就会乐意做其他交付的事情了。他们的教育也会在正确的方向取得进步。

婴儿最初的课程应该是“停！”“不要碰！”告诉孩子不能做什么是否定教育，这可以指导他们天然的行为。这之后应该是肯定教育，即人类和人性的行为，这可以教孩子什么能做。教“不要碰”是必须的。为了清楚表达你的意思，在他们乱抓或做禁止的事情时，拍打他们的小手。这样教到四岁时，孩子就学会了服从。

让孩子做吩咐他的事更困难。禁止孩子做某事开始会难，因为需要孩子有自制力，但过程很简单，而让孩子服从吩咐则较为复杂，需要极大的耐心。一个正常健康的孩子做不允许的事情很自然，他拒绝服从也自然。通过控制孩子让孩子学会控制自己，对父母来说，是一项严苛甚至痛苦的任务。

下命令前，想清楚这些事：

有必要吗？

能让孩子服从吗？

他拒绝时我怎么办？

这会和其他命令冲突吗？

以清楚确定的词语下命令，确保孩子明白你的意思。如果他拒绝，立刻行动，不要威胁或许诺。尽量少谈论不服从的事，也最好不要威胁。父母权威是天生的，一讨论就没了。也不要谈论打屁股或其他惩罚。只要持续保持耐心和毅力，直到孩子服从。没确定前应该睡觉时不要告诉孩子去睡觉，确定时不要容忍一刻迟疑，孩子应该立刻放下泰迪熊，不找任何借口，一路小跑去睡觉。否则你就要看到将会持续十年的意志拉锯战。

现在，该考虑事情而不是服从了，把大自然和许多事情的原因和理由，认真解释给孩子，让他理解。让他明白好东西都有存在的好理由，不好的东西也有存在的理由。也让他看见大人都像你一样必须工作，不管工作是不是有趣，而且有时你也不想吃饭，但是却不能不吃。不要在孩子问为什么他要做什么或他拒绝的时候解释，那个时候说得越少越好。应该在他和你一起工作时，告诉他这些。让他自己下结论并应用在自己身上。

老师妈妈要知道的“不要”：

不要责备，不要唠叨。

不要解释过多。

不要说得太多。

不要在没必要的时候说不。

不要下太多命令。

不要依靠解释树立纪律。

不要在应该命令时祈求。

不要让孩子做超过自己理解力的决定。

不要让孩子教条式地辨认好坏。

不要“因为他只年轻一次”就放纵孩子。

不要把改正错误性格的责任留给学校。

不要走捷径。

不要过多干涉孩子的游戏。

不要强迫孩子为表示忏悔道歉而让他学会撒谎和作假。

不要过多道歉。发现自己错了时，直接说：“对不起，我错了。”这够清楚了。

不要让孩子以为：“哦，这可以了。”其实他本可以做得更好，但却事事估量。

不要希望好习惯一下养成。

不要拿过去的惩罚提醒孩子不要犯错。每一天都是新的。

不要过分遵守纪律，要有弹性。但在两个极点中间，取更硬而不是更软。

老师妈妈要知道的“要”：

要让孩子自己学会适应条件。

要让孩子练习自我否定。

要让孩子学会先思考后说话。

要让孩子回答问他的问题，而不是回答他希望你问他的。

要给孩子规则，但不要说教。如果你的命令简单公正，他们会爱你，而且乐意服从。

如果每个家庭都是律法和秩序的中心，我们的国家也将会快乐有序。监狱和救济院会消失，校舍和精神病院也会减少。如果孩子在家里能学会秩序、准时、服从、助人，他就会知道怎样工作、思考、参与和倾听。如果他还学习了读写，喜欢读书，这能满足大部分情况了。其他情况下，个人会寻求把学习当作自己的爱好和遗产。每种情况都可以让孩子全身心发展，而不需要送进学校，被其他慢孩子拖累进度。

第五章

习惯

保持我们天生的能力和倾向，习惯很安逸。人喜欢做容易和自然的事，随着做这些事的技能和把握的提高，个性特征也发展起来，只不过这种个性特征很难说是天生的还是后天培养的。习惯是第二天性，甚至长时间的培养可以战胜天性。习惯的根源是理解。习惯包括所有功能：记忆、思考力、意志力、情绪。习惯的培养会在神经系统产生统一稳定的交替，表现为越来越好和越来越坏。

教育可看作是新力量的养成，换句话说，习惯的养成。了解习惯的本质和规则就是了解成功教育的原则。因此，教育若想成功，就得遵守习惯的培养规则。习惯也就是“保持力”。因为有些习惯要比别的习惯需要更多练习，比如弹钢琴和打字。获得同样的新能力，有些人就得比别人多训练，每个家庭都有这样的情况。妈妈还要记住的重点是，第一，早期更容易养成好习惯；第二，只有身体条件允许时，练习才能帮助培养习惯。

人类构造中再也没什么比小孩子的习惯养成能力更让人震惊的了。身心的每一点努力，每看一眼，每动一下，孩子都在养成或摧毁一种习惯，这要求我们承担双重责任，帮助他达到心灵能达到的最高点。这双重责任包括：训练他以免在前进过程中被坏习惯拖下水，磨练他把普通事物放在一边，只专心发展智商。老师妈妈的首要任务是发现什么行为应在成为习惯前消灭，什么习惯应该培养。

学校不能培养孩子的习惯，因为入学时孩子的习惯已经养成了。培养基础习惯的最好时期是孩子寻求重复和规律的时期，尽管这种规律的培养对妈妈来说很麻烦。在七岁前养成的正确习惯的基础上，还要培养到处都重视的品行习惯：尊重、可靠、坦承、知足、被动和主动的勇气。应该在父母权威自然容易地起作用的可塑时期，开始孩子的习惯培养，因为父母权威是习惯养成的主要力量。

一位妈妈说："我当然希望孩子养成正确的习惯，但即使是必须的事情，如果我一再违反他的意愿强迫他做，会不会降低他的意志力？"不会，意愿不一定是合适的意志。比起习惯，人类的意志，即使人类的逻辑能力，都是微不足道的。再说，坚强的意志不是固执和错误判断，它建立在明辨是非的能力上。这种能力要在四种典型习惯养成后才会发展。孩子的意愿和意志毫无关系，只是缺少管束。

你每次让孩子做正确的事情都在加强做那件事的习惯，不管孩子最初是出于甘愿还是被迫去做。只要这种行为成了习惯，它就会令人愉快，而抗拒它则会不开心。随便看向哪儿，你都能发现人类对强制型社会惊人的适应力。典型例子是学会热爱铁链的囚犯们。孩子什么都能适应。你可以教会他们热爱整洁有序的生活，只要强迫他们做对这样的生活有益的事。培养习惯时强制力必不可少，但是多用些理智就可少些强迫。如果要频繁系统地动用惩罚，那要么是孩子有问题，要么是环境有问题。

建立规律的日程表并遵照执行，会让孩子的训练相对简单容易。秩序是上帝的第一法，整个宇宙都按时运行。鸟儿们春天回来，日月星辰都按时升落。宇宙运行得如此有序，以至于聪明人可以计算出以后千年的日历和月食的精准时间。适用于星星的自然法则也应该用于日常家庭生活的大方面。孩子的天性对改变很敏感，就连婴儿都需要规律，下意识地反感杂乱的日程表。“闲荡”、懒惰、拒绝服从经常诞生于认真仔细规划的缺乏、不知道“接下来是什么”、没有严格执行的规律事项。

三岁开始，孩子就应该有一些日常职责。但要在适当的时间提醒他，因为孩子的时间观念很弱，常分不清早上还是下午，特别是午睡后。能够助人并参加认真规划的身体锻炼的孩子更健康快乐。规律的工作是必需的，不能逃避，这样每天必需的工作应该在每天同一时间进行。入学前没有这样规律工作的训练，孩子的学校学习生活很难成功。

做一份好的日程表，尽量遵照执行，让孩子也遵守。说服家人一起，立刻开始执行；开始的时候要慢，因为你可能不能完全遵守。坚决果断；不要一次性开始太多事情；不要企图一次性治疗全部的家庭顽疾；不要和孩子讨论即将发生的变化，只要拿出你的计划，要他们遵守；养成一个习惯后再开始另外一个。为每天不可避免的活动留出时间，像起床、吃饭、清洁、睡觉。一家人，包括孩子，节约时间最大的因素，是按时吃饭。按时吃饭虽不能避免但能减少麻烦。开始时不要纠结细节，而是把全部精力放在系统规划工作、游戏、课程和娱乐上。让时间表顺利进行，这样每个家庭成员都知道每件事的时间，形成完美的准时习惯。当做到这个时，再确定细节就会很容易。

另一方面，生活系统化也可能过头了而变成拘泥形式。我知道有人会为客人安排精确到刻钟的时间。如果有重大事件我会毫不犹豫破坏完美进行的时间表。比如，在准时铺床和会见意外的老友间，我会选会见老友，但之后我会挤出时间铺床，而不影响家人。好的管理能力轻易就可克服这种受欢迎的打断。

孩子醒了后不能赖床，要马上起床，穿衣，做其他合宜的事。绝不要允许他们躺在床上看书或游戏。允许健康的孩子在床上待到他想起来的时候，可能会毁了他以后的生活，还会给他自己和别人造成严重不便。孩子会使用胳膊和手指后，就应该学会自己穿衣，只有生病才能例外。坚持穿衣脱衣要有序和适当。你的孩子能一只脚站着穿袜子和鞋子吗？让他们为自己这样做而骄傲吧，就像为他们其他的运动能力骄傲一样。这些日常的小锻炼，可以有力抵抗懒惰，也可能唤起懒惰情绪。正确的懒惰训练，比如允许孩子在浴缸待一个半小时左右，会导致其身心产生其他懒惰和调皮的习惯。打破穿衣磨蹭的习惯，比如一个男孩在得到警告后仍没有按时穿好衣服，那就在裸体上揍一顿。要是他知道每天早上都可能这样，你就可以看到快速穿衣的小奇迹了。

孩子的午睡要准时。不管什么情况，都要在规定时间把他送到床上，安静躺好。如果他不这样做就要惩罚。不需要解释，只要告诉他应该做告诉他的事情。他很明白这种情况要受罚。

不管孩子可能遇到什么困难，都要让他完成交给他的合适的任务。不要在他没完成一个任务时叫他去做另外的任务，也不要让他把任务丢在一边去玩耍。即使再小的任务也要让他做对。比如：轻轻地关门或抽屉，整理地毯或书架上的书等，捡起地板上乱扔的东西之类，把衣服和帽子挂在各自的架子上，进门前在地毯上擦鞋或刮鞋，吃东西时不乱扔食物，该洗脸洗手时照做，吃饭和睡觉前梳头。所有这些都要以不做作不夸张的态度完成，以免造成呆板拘泥，所有极端都是不想要的。要求一个八岁男孩为地球母亲脖子或耳朵上的疤痕担忧有些过头了，过多担心琐事说明那不是一个真正的男孩。当然要让他洗澡，但不用因为这个年龄的孩子对美缺少兴趣而伤心。

只有一个坏习惯的孩子几乎不存在。因为一个坏习惯会导致另一个坏习惯，不久所有的好习惯都在野生野长中绝望地消失了。如果能让野草给种子留出发芽生根的机会，老师妈妈的日常工作就会容易些了。不要因为希望下次不再发生而忽视一种场合下的错误，就算这个不再发生，那它的孪生姐妹还会发生。孩子调皮时要严格管理，一点点抑制那些不应该做的事。现在我们来说说坏习惯，和两三岁、七岁时对它们的纠正。生理习惯和后面章节中道德和心灵习惯联系紧密。因此有必要分开来讲。

不要让孩子养成厌恶营养食物的毛病，让他们至少吃一小部分你觉得对他们有好处的东西。他们应该吃妈妈给的任何食物，只是因为她精心选择并提供了，每个家教良好的孩子都会这样做。如果孩子已经到了不吃任何营养食物的地步，那造成这种情况的人应该负责。如果没有抑制某个关于食物的怪念头，就会造成自我暗示的消化不良。这种对食物的挑剔导致体弱多病，许多人的幸福因此毁掉。缺乏有营养的食物，身体内部器官无法工作，妨碍系统功能。因此，准备好剂量，说服或哄骗吃一匙你觉得必要的蔬菜，虽然你根据先前的经验知道他会拒绝，但是也要让他吃下去。每次都这样做，一段时间后，厌恶就会减少，就可以加大数量。如果孩子克服了对某种食物的厌恶，不要说也不要哄，就只放一勺给他，告诉他吃完之前什么都不能吃。你要怎样加强这个命令，某种程度上取决于他的反应，这不容易，但是必须面对，而且越早越好。

你很可能会发现即使桌上只有一个人，孩子都更难守纪，因为他笼统地觉得人多比较安全。如果有第三者在场，孩子不愿意吃这一小部分，你应该带他和食物到别的房间，让他坐在你的腿上，像喂药那样喂他吃掉那些食物。肯吃一两口好办，但如果他完全不肯吃，那就要挨揍了。如果他只是抗议“我吃不下”，你要充分准备好让他吃的决心，第一场斗争会很难。

不要以一天多少盎司[①]或一日三餐的制度养育孩子。谁会用小母鸡或小公鸡的饮食计划喂宝宝呢？自己判断，要考虑实际情况。一味让孩子随意吃面包和蛋糕也不明智。要在无序和呆板间找出愉快的中庸之道。

有时妈妈会因为发现孩子有捡起什么都吃的习惯而郁闷。一个三岁孩子的妈妈写道：“他吃线头、毯子的毛边、毛织品，甚至他睡衣的袖子。我试过不让他吃，但是看来不可能。”孩子可能养成各种习惯，如果你放任他，吃线头什么的只是这些习惯的一种。三岁的孩子在地板上爬来爬去，捡起什么东西都吃，每次你看到就要使劲打他的手。

吮手指

早期一个极坏的习惯就是吮手指。如果孩子有这个问题，就让他带着粗糙的无指手套睡觉，可把手套固定在袖子上防止脱掉。如果有必要，白天也这样做。如果这样过了一段时间仍没有效果，就在指甲上涂一点加水的苦芦荟糊。苦味会持续好几天，这种矫治法鲜有失灵。

---

①盎司：英美制重量单位。1盎司约等于28.35克。——译者注

必要的时候可以重复此法。要是耐心地充分应用了此法后结果还是不乐观，给苦芦荟糊加点儿辣椒或塔巴斯科辣沙司。如果最后吮手指还是成了习惯，这不是孩子的错，也不是应该早点发现的人的错。不过如果能早点发现，改正起来较为容易。

咬指甲

咬指甲是紧张的原因，不是结果，一般比吮手指出现得晚。这个习惯浪费精力，转移注意力，不得体不礼貌，甚至会造成其他形式的淘气。在形成习惯前最好制止。咬指甲和抠指甲，从纯生理方面看，会使孩子手指难看，指甲不健康，流口水，总的来说，让孩子不可亲。这种时候可以用苦芦荟提个醒。但是要根除这种习惯，要纪律和奖赏并用。在自然界，顺从并没有奖赏，但抗拒却可首先尝到快乐。

左撇子

左撇子孩子到我的学校后，我会让他们用右手拿粉笔、剪刀、锤子、棍子等，以改正习惯，无须讨论，只简单说“用右手”。这个过程有时需要几周，有时几个月，但如果坚持的话就没什么困难，而且改正后的结果是值得的。让孩子早点儿知道他能做到让他做的任何事，是好事。那么多意外残疾的成人都学会了用左手替代右手！左撇子确实是因为右半脑发育不正常引起，但早期耐心的练习可以克服这一点。这就是那种意志战胜生理问题的案例，如果意志薄弱，那就只能任其发展。

发脾气

经常会发现，在改正时孩子会突然发脾气甚至想打妈妈。有人觉得这种情况下妈妈一定会束手无策，进而怀疑自己试图“强迫”一个五岁的孩子是否正确。这情形对持这种看法的人无疑糟糕透顶。但让一个明白这种情形的妈妈自己想想，如果一个十、十二、十四或十六岁的女儿，想自由发展危险的关系或罪恶的娱乐，妈妈怎么办？让孩子打自己的妈妈，连照顾畜生都不合适，更别说人类了。孩子一出现对父母发脾气的现象就要惩罚，这样他很快就能学会控制自己。

反驳

孩子喜欢反驳，这跟长牙一样是天性自然，但是这可以而且应该及时克服。任何学会反驳的孩子都可以学会不反驳。如果孩子插进大人的谈话要立即见效地惩罚，让他们下次不再犯。不能礼貌安静倾听长辈讲话的孩子不应该待在那里，因此最自然合适的惩罚就是把他们赶出房间。如果每次都冷静坚定地这样做，就会收到效果。

怕黑

被黑吓过或不管出于什么原因怕黑的孩子，都不是假装的，也不能通过某种方法治愈，只能以言语和行动劝说。孩子一旦怕黑，再建立正确的习惯就难了，但是也不能坐视不管。只能渐渐地减少他的恐惧，不要试图驱走魔鬼。要有人陪伴孩子直到他睡熟，但不要让他察觉到你这样做是因为同情他的恐惧。让他听着你说话或读书入睡，直到恐惧渐渐消除。一些自然的谈话会有好处，但你不能和一个小孩子讲道理，也不能跟一个十岁以下的孩子讲道理让他不再怕黑。你只能以自己的淡漠让他冷静。让自己频繁去黑暗的房间做事，别开灯。不要说别害怕，因为那样说就暗示着可怕。尽全力保护孩子远离恐惧。更不要允许玩吓人的游戏，因为可能会吓疯吓死，至少也会造成终生胆小。

抱怨

检查确定抱怨的孩子身体无碍后，像本章和前面几章讲过的那样，改正这个坏习惯。纪律是良方。主要责任都在妈妈身上，妈妈要保证不能对哄骗、愠怒、强硬、嘲笑、眼泪、要求和诡计让步。你的言语必须明确。只有你能控制自己时，才能公平地惩罚过线的孩子。

有多少孩子，他们在学校从不试图以抱怨和嘲笑得到什么，和我说话也语音自然，但一进家门就开始发牢骚，即使妈妈已经很久不再理会他们的抱怨了，也是这样。这种生理习惯暴露了孩子曾经意志力和知识的欠缺，就像早已经愈合的伤口，仍可从伤疤看出来。

如果孩子轻易抱怨或哭闹，可能是胃部不适。许多孩子“坏”是因为胃里的糖在发酵，吃糖过多会破坏消化系统，适量则有益健康。要改正这点，首先保证孩子哭闹什么也得不到，让他明白哭闹时你不会听也听不懂他，但他只要停止，恢复愉快理性，你就可以听他说什么。

如果孩子因为失望哭闹，立刻把他送到一个没人的房间去，不要威胁或讨论。你很快会发现哭闹少了。不要事先警告或威胁，快速把他送到一个不会惹怒别人的安全地方，让他想不到。这种针锋相对的做法可以很快帮他重建自制。

噘嘴

不要特地去看孩子有没有噘嘴，也不要在他知道你看见了时，假装没看见。让他明白他必须毫无抱怨地服从你的改正。如果他从噘嘴进而到蔑视反抗，打他的腿，直到他完全服从。

固执

给孩子不会误会而且能执行的命令，如果他拒绝，打他的腿让他服从。第一堂严厉的课程成功后，每天至少把孩子从游戏中叫到你身边一次。让他像士兵立正一样站在你面前，看着你的眼睛，听你简明的指挥："去厨房把扫把拿给我。"或者其他类似的事情。要求他回答，"是，妈妈"或"很好，妈妈"，并立即去做。这样的课程要挑选他确定能做的任务，持续执行简单命令会让他温顺和可教。学会在时间问题上服从你以后，其他更重要的事情就好教了。

下一连串的简单命令，比如：走到路那头，站直，向右转，再向右转，跑回妈妈这儿来。自己想出这种命令，但一次只下一个。这些事情很简单，但不容易。可以每天这样训练五分钟，要坚持正确的站姿和呼吸。

嘲弄

不要让大人嘲笑孩子，或者以孩子为娱乐对象，这不公平，可能会毁了孩子。如果孩子有什么权力，那禁止没心没肺的嘲弄应该就是一项。如果大孩子嘲笑小孩子，你不要过多明显干预，小孩子本来也要学会听一些嘲笑，这会对他们有好处。不过如果大孩子有残忍或不友好的举动，要坚决抑制。但做的时候要巧妙，不要让孩子觉得你偏心。要判断什么可以干涉不容易，如果是不严重的无意行为，可以当作没看到，因为这样孩子才能学会自己处理。

紧张

紧张是由于缺乏自制。如果我们从这方面去看，就很容易找到原因和改正方法。熬夜或经常参加聚会、看电影的孩子紧张。他们受不了看到的生动和纷杂的场面。炫耀孩子或把他们当大人看，肯定会造成伤害。紧张多是父母疏忽造成的。

要克服紧张，记住那句关于教育的老格言：稳定优于变化。不要让流行的变化和异想天开破坏稳定。致力于每天日程规律化。不要听那种哗众取宠的狡猾言论，比如“这可怜的孩子厌倦了每天的重复。应寓教于乐，吸引他们的兴趣，不要让他们工作。他们长大后的生活够辛苦的”。除非你想把孩子养成无套裤汉，就连激进派领导马拉在他们面前都温和得像天使。如果你希望你的孩子强壮、坚定，就让你的孩子在稳定而非变化中成长。没有一家矫正所治疗紧张能像规律的日常生活这样有效，因为孩子必须服从，没有商量的余地。不是懒散，而是玩乐和工作结合才有效。严格的纪律造就意志力，意志力又可控制紧张。许多妈妈会错误地顺从娇弱的孩子，其实这种情况下，娇弱的孩子比健康的孩子更需要纪律。

别让孩子听见讨论或提起他，也别孤立他，可能的话也别让别人孤立他。别让他接触有意激起自我意识的哄骗。若没有考虑周到，为大家背诵可能造成自尊紊乱、鲁莽、紧张和不自然。公开背诵可能让孩子变好也可能变坏。

如果孩子总是紧张地扭动，你就要开始行动了。压制扭动后你会发现你以为的紧张只是平常的淘气。扭动是个坏习惯，几乎所有学校里的孩子都有这毛病。他们扭着手指，想要抓着钢笔、铅笔或什么东西，有时扯着衣角。除非改掉这种习惯，否则孩子永远不能集中注意力，而且由于缺乏耐力，即使最好最专业的教学也无法接受。在孩子安静地坐好，集中注意力听讲前，一个优秀的教师是不会开始或继续讲课的。可即使家教最好的美国学生，在这方面也很糟糕，尽责的老师总是像给孩子进行大脑训练一样，想尽办法保持学生注意力。我常跟我学生的妈妈说："如果孩子入学前，你能训练他们每次安静地坐或站两分钟，我就能教他们两倍于现在所学。"

训练孩子正确行走、站和坐，身体直立，肩放平，抬头，坐时两脚平放（座位高度要适合），手不要乱动，身体放松。一开始保持一分钟，然后加到两分钟，到七岁左右，三分钟。不要给他读书或讲故事，让他学会控制自己。从第一次日常课程开始，每天这样做，把这当成重要项目，直到习惯养成。进行这个课程时，一个简单有效的帮助是坐或站一会儿，然后头顶盛有少量水的容器走一会儿，每天两次，每次几分钟，练习自制和平衡。

病中的习惯

孩子生病时，幻想和怪念头不能影响治疗，但应该通过明智、灵活、耐心的意志力控制。每个优秀的医生都会要求病人执行医生的要求，不管这个病人多么伟大、聪明或者博学。

一些实练课，比如整洁，就算生病也不能忽略。不要给乱扔玩具找借口，比如说他身体不舒服，不能把玩具放好。这种纵容可能对健康不利，而不是有益。训练要时时判断，要是孩子暴躁或疲倦，暂时停止，因为教育也是过犹不及。同时，拒绝有意无意的假装，遇到孩子本能地以假装获取自己想要的结果时，很让人困惑。

孩子的健康状态对选取指导方式有很大影响。他生病或病后第二天你有理由觉得他还很无力时，不应该要求他背诵或复述课文。这种情况他不能输出，但可以输入。比如消耗脑力的课程就会对恢复健康有好处。孩子不舒服时不要让他背诗，就算他能记住但背出来很耗费精力，不过如果他想背，很好。他不要求就不要复述故事或诗，准备一些不会让他难过的东西，因为很难预见孩子对最简单平凡事物的概念。讲他喜欢的那种故事，可以讲相似的而不是新的，省得他需要心力构建新的认知。

允许他把小狗留在房间玩耍，或可以陪他玩耍的小猫，他也可以看小猫玩线轴或纱线团。允许他用橡皮泥做狗、猫或任何他想做的。什么都不像也没关系，只要他喜欢。蜡笔和大张的画纸可以画松树、棚屋。生病的孩子最好做些无意义的事情。

自我意识

自我意识的根源是自卑和自大。自大因为夸奖，这些夸奖通常来自偏心的父母、溺爱的亲属和不负责的崇拜者。自我意识一旦扎根成长，会毁灭毫无防备的年轻身心。因为自我意识可能变成粗鲁的自负，会希望全宇宙都围着自己转。防止不假思考的夸奖是父母的职责。不要在孩子面前谈论他，就算和他爸爸也不行，何况别人。可以私下谈话，但不要让他觉得这样的谈话发生过。

自负

饱受宠溺而觉得全世界都围绕自己转的孩子，很容易自负。我们轻信夸奖，就像轻信哈克贝利·费恩弯钩上小虫的傻白杨鱼。对于值得的夸奖我不拒绝，只要赞誉适当，但每一点过分的夸奖都隐藏着自负的种子。

早熟

如果孩子早熟，只可能是所处的环境不适合自然的心理成长过程。长辈的过度陪伴、过多和他谈论与年龄不符的话题、推理、解释及说教都会造成影响。父母和其他成人在孩子面前也习惯于谈论肆无忌惮的话题。因为孩子看起来像是在做游戏，不会听大人讲话，但其实他在听。要想缓和早熟，要少跟他说话；说话时应采用儿童语言，即是他理解范围内的语言；讲或读故事和神话帮助他发展想象力，特别是动物会说话的故事。如果他愿意就让他自己玩，不然就说服或强迫他自己玩。给他寻找合适的玩伴，比他小的孩子比大的孩子更合适。

片断语言

片断语言要立即阻止。让孩子清楚明确地慢慢说话，发音要清楚正确。这种行为像抑制一匹勇敢的马。抵制这种匆忙、模糊、马虎。

不平稳的语言习惯的主要后果不是对语言的坏影响，而是对大脑的影响，语言能力与大脑发展密切相关。经常有人说孩子因为紧张而口吃，其实他是因为口吃才紧张。

如果你观察过说话过快的人，就会发现他的问题在于暴躁不安的性格。训练说话的方式，也可以改善性格。让孩子用胸腔发音，可以你先这样说，再让他模仿你。他使劲提高嗓门时，纠正他，让他清楚安静、发音到位地说话。让他说话前深呼吸，你可以把声音降到胸腔，让他模仿，并把这当作游戏。如果孩子的嗓门较弱，学会这种方式更有必要。

口吃和其他语言问题

许多语言问题如果及时发现和持续治疗是可以治愈的。这种治疗的基础包括以下几点：保持健康的身体，通过严格的纪律养成自制，掌握基础的发音知识，让孩子认真练习，培养正确发音的耐心和毅力。口吃大多是因为语言器官缺少控制，很少因为器官缺陷。精神压抑和身体衰弱可能会加重口吃，但不会引起口吃。治疗需要控制呼吸和发声器官的使用。孩子早期最容易治愈。障碍和缺陷不会因为孩子意识到它们讨厌而消失，父母更不应因为这种认识耽误治疗。治疗结果并不明确，即使成功，孩子也得经历痛苦改造，形成了紧张的习惯。

父母可以尝试以下几个较容易理解的建议：

1．学习发音过程、呼吸与发音的关系、气流向外冲出时舌头的位置，练习单独发出元音和辅音，留意发这些音节时舌头的位置。

2．记住说话就是呼吸。所有声音都在喉咙形成，喉管必须保持畅通。

3．教学生说话前先控制自己，控制他的思想、呼吸和声音。练习深呼吸。由于恐惧、愤怒或其他原因失去自我控制时，深呼吸可以帮忙。

4．让孩子说话前先思考，这样他就可以知道自己要说什么。这可以增加自信。

5．如果他错了就不要再说下去。让他立即停下，想想自己要说什么，深呼吸，然后慢慢说。

记住处理这类问题就像处理断腿，严厉、焦躁、责备、易怒、惩罚、嘲笑都非常不合适。如果孩子能控制，让他控制。如果他还太小，意识不到自己的缺陷，就更加应该耐心帮他克服这不幸的习惯。稳定亲切的声音和方式可帮助孩子控制自己，使努力有效。避免过多的谈话、批评或建议，只简单说“这样做”，把服从看作理所当然的。成功失败都一样报之微笑和一句鼓励，如果父母尽了自己的本分，渐渐就不会再失败。

口吃和结巴有些不同，它的问题在于下巴。如果能克服这点，发音就会由嘴巴转移到嗓子，说话就会流利了。

许多语言问题，比如发不出某些元音或辅音，只是因为孩子学说话时缺少合适的指导和训练。初学者最容易发错的音是 S，很多人会咬舌发音。因为这个音需要以舌头抵住牙齿使气流从舌头两边而不是中间冲出。发 L 音时也容易出现类似错误。常见现象是用 T 替代 K，D 替代 G,N 替代 Ng，S 或 Z 替代 Th，S 替代 Sh 等。

发音错误要一次一个地纠正，直到全部改正。研究每个音是怎么发的，对着镜子练习，这样能看清舌头、牙齿和嘴唇的位置是否正确。教学时，让孩子正对着你坐或站，看着你的嘴巴模仿你发音。让孩子和你一起以夸张的动作延长声音。比如说他把“cat”说成“tat”，用你的手指把他的舌头往下压，以免他在发“K”音时把舌头往上颚伸。这样他就知道说“Kuh”时舌头该放在哪里了。

一课只练习一个新音，必要的话，重复练习一周或一个月，直到孩子能正确发音。每天准时规律上一到两课，每课时五到十分钟为宜。不要总是唠叨发音。这和纠正结巴不同，结巴只要一出现都要纠正。

为了让孩子放松，让他忘记自己，只让自由的心灵上课。以游戏形式练习这些课程是不错的计划。没有紧张感，发音器官更容易找对自然位置，声门敞开，孩子更容易模仿你。可以让课程变化一下，比如让孩子跑去对着小狗小猫或天竺葵复述新学的发音，然后回来告诉你他是怎么说的。

即使一周以后还没有明显的进步，不要放弃，不要觉得你在指导，要觉得你在玩游戏，这样孩子才能成功掌握一个难音，再开始另一个。照这样做的妈妈们几乎都在一年内战胜了这种缺陷。我再补充一句，不只是这个结果是可喜的，认真的训练也会对身心产生好的影响。这是适合孩子年龄和需要的细心指导策略的结果。

第六章

培养孩子的观察力

有人问阿加西斯，作为著名博物学家，他一生中做过最重要的工作是什么。他回答："教会人们观察。"观察不只是看看而已，味觉、触觉、嗅觉、听觉以及视觉，都是观察的方式。其中触觉比听觉和视觉更为本能，重要性也不输其他方式。孩子对形状的理解，更多依赖触觉，而非视觉，对触觉的信任度也超过视觉。不信的话，看看这个例子：孩子非得用手摸过空盘子后，才相信蛋糕吃完了。三个月大的婴儿已经会用手抓东西。这个动作依赖于肌觉的快速发展。然而如果肌觉没有得到合适的训练，孩子六岁以后，肌觉敏感性就会渐渐丧失。

嗅觉不仅能灵敏嗅出危险，帮我们脱离险境，还能清晰迅速地唤醒很久以前的场景和记忆，其他感觉则很难做到这点。在唤醒深度记忆方面，场景和声音都比不上气味。即使已经过去了五十年，水仙的香味仍能让芭芭拉想起小时候收到的水仙，以及送花的人。孩子的嗅觉还不是很敏锐。但是通过培养和锻炼，心灵之路可以得到扩展，感知天地也将大大开阔。植物遗传学家路德·伯班克的案例足以说明人类对世界的作用在无法估量地增强。伯班克成功培育出香味美女樱的故事最为出名。据说他四肢着地，在一大片盛开着的无味美女樱里爬来爬去，嗅着每一朵花，终于找出唯一一株散发出类似杨梅气味的美女樱，然后利用这株美女樱培育出了有香味的美女樱。长时间的训练使他的嗅觉灵敏度大大超出常人。

耳朵也需要使用和训练。先天性听力受损人士通常也不能说话，因为他们不能复述他们没听到过的声音。这一点也可以说明听觉训练的重要性。韵律作为语言基础部分的重要性，我以后会说。但对孩子来说，这个基础要在婴儿时期就打好。三岁左右的孩子就会对节奏鲜明的诗有反应，也能在跳舞时很好掌握动作节拍。没什么好惊奇，这些其实很自然，只要想想我们生活中那些常见现象，诸如心跳、踏步、呼吸、体力活，都是暗藏节奏的，就可以明白。节奏摇醒情感，情感才能使人响应节奏下的内容，许多影响极大的《圣经》章节很可能就是由于他们独特的节奏。想想看，十年的听觉和复述训练，对锻炼思维将起多大作用！

观看并不总是等同于看看。很多人的一生连最简单的东西都说不清楚，也因此不能合理推理。因为他们对具体的事物缺乏确切的认识，而这正是推理所需要的。知识的习得基于已知，取决于印象的完整清晰程度。既然大脑通过五官获取信息，那很明显理解和判断能力与感知能力成正比，就像法庭判断的公正依赖于看得见的真实证据。反过来说，人就算没进过学校也不会无知，因为感官已经学会从周围环境获取信息。毫无疑问读者的相关经验会告诉他，与善于观察的人为伍，本身就是一种教育。

成人的愚蠢，像孩子的迟钝一样，是不会明智观察的结果。有个故事，说一个珍珠商一直在旅行，却从没看见过感兴趣的东西，有人问他澳大利亚怎么样，因为他在那儿待过半年，他说："你猜墨尔本的土豆多少钱？！"每天都看到这些无聊、愚蠢的事情，不是因为缺乏天资，而是大脑对五官欺骗行为的惩罚。

感官训练打开了思维的大门，提高了对知识的渴望，最终使人爱上好书。如果能完成这样的感官训练，即使初学阅读也无须指导，因为他已经完全准备好了，可以自行教育自己。感官课程是所有科学研究的坚实基础，是几乎所有人追求成功的基石，没有人会怀疑这一点。如果感知能力没发展好，在医药和教育领域，只有高智商是没用的。不只诗人、博物学家、艺术家的成功取决于感知能力，就连农民、牧师、数学家都需要，莎士比亚也是因为对大自然的执着而不朽。

两年前，住在明尼阿波利斯的保罗，还不满五岁，想要"上课"，他的父母就让他观察飞进院里的鸟，一段时间后他开始画它们。他会用彩色粉笔在板子上画下他看见的鸟，这样别人看见这个就可以告诉他鸟儿的名字。一周周过去，他越来越精通，最近我把他画的蓝冠鸦给一个艺术家看，她惊叫起来，一再肯定说这孩子会成为美国最好的鸟类生活研究员。她说："他画的轮廓真是一件杰出的作品，日本人坚持认为，对轮廓的控制是检验艺术家最严厉的标准。"他可能永远也不会成为艺术家，但他手眼共同工作的训练已经为他打开了一片宽广的职业天地。

以前环境常逼人学会观察，仅生存就需依赖于灵敏的感官，更不用说成功地生活。现在钟表代替了日晷和午标，气象预报代替了对风云和温度的观测，只有砖墙和石路依然在往地平线延伸。

一个城里人回家讲了这件事：

他听见老板娘跟她儿子说："去杀只母鸡明天正餐吃，别杀下蛋鸡。"

儿子问："外面太黑我看不见鸡冠，怎么知道哪只是呢？"

妈妈回答："从离公鸡最远的那些鸡里抓一只，公鸡会把下蛋鸡都留在身边。"

这个信息本身价值不大，但其暗示出来的观察力却可引起我们思考。即使我们现在看东西，因为有灯，不需要像以前那么灵敏的感知了，但这区别只是表面的。生存、思考、社会关系、公民和国家福利的每一阶段都依赖精确的观察力。感官训练的一个基本目的是培养对真正有用事情的兴趣。

以前哪个时代也不像现在这样缺乏思考，某知名学府文艺系领导不久前说，如果人们对阅读廉价、琐碎读物的热情再不停止的话，很快这个国家就没人再懂真正的思考了。他还说这一代比历史上任何一代阅读量都大，琐碎的兴趣也比任何时候都多。

美国人的想象力一直在明显衰落，这意味着他们不仅失去了创作或享受艺术品的能力，也失去了以前人们让自然为我所用的机敏。我认为从学校认真划分级别开始，人们普遍感觉到这种衰落，因为学校等级制使人们对可以用百分数丈量的知识开始重视。因此，人们以为与标准系统一致的最好学校，其实常常是最差的学校。去标准学校，听听他们杂乱的背诵。信息的数量如滔滔江水连绵不绝，但明显没有质量可言，唯一目的就是让学生削足适履，适应规定好的项目。结果就是脑细胞脂肪变性、理解力硬化、兴趣窒息以及一纸文凭。

有天早上我受邀去城里建筑最好的、分级最好的那所学校，听他们六年级一位优秀教师上课。第一节是地理课，学生们从南部的科克郡一直到西北，学完了整个爱尔兰。没有忽略课本上任何事实、伟大或近乎伟大或完全非物质的东西。这课本由一个受欢迎的教辅编写者编写，在他那个纸质材料比现在丰富的时代，他把认为可以记录的东西都写上去了。

越过小山，穿过小谷，
行过公园，钻过栅栏，
淌过深水，涉过火海。[①]

没有恶作剧的仙女领孩子跳这支舞。这个老师从没见过仙女。一

①此诗出自莎士比亚《仲夏夜之梦》，故接着有仙女领舞一说。——译者注

眼就可看出她来自新英格兰，科学家科顿·马特已经从那里驱除了仙女这些非物质的存在，但如果仙女是写在课程里的，她一定会把她们召唤出来认真研究。无论如何，带着孩子们跋山涉水，穿越这个绿岛上沼泽地的，不是顽皮的小妖精也不是花衣魔笛手，而是一个疲倦、缺乏想象力的女人，她要给来访者展示有效的复习和训练方法，选择爱尔兰只是因为地球上有爱尔兰，而且在音节上爱尔兰（Ireland）和“下一课（came next）”押韵。

孩子是怎样熬过了这四十分钟！课文大纲确实有了，但却抛弃了所有人文素质，既不真实也不自然。是的，科克郡坐落在海港，海港使得来往于美英之间在此停留的船只能够付码头费，人口是那么多，工业也是如此发达，煤炭是那里的主要燃料，煤炭从地底获取，正在枯竭。但是辛普森小姐，你挖一千年，煤炭也不如你课堂上所讲的那样枯竭得快。终于下课了，时间如此精准，复习完了，西北部的多尼戈尔郡也讲完了。这种完美让我想起一个故事，一个欢呼雀跃的排字工人冲进编辑办公室，拿着几页杂志上的故事，叫嚷：“这是我们今年最好的文章。文章的字数刚好排了满页。”

四十多个学生现在收起地理课本，开始复习历史。那个老师一走，大家还没来得及交流想法，就一致以高调的“嗯”赞美她时间上的完美枯燥的讲课，这种鼻音在我听来极为刺耳。她走路、说话都拿着一根五英尺长的教鞭，迈着笨拙的步子从教桌走到地图再走到图纸。她给孩子们上课，就像挪亚往方舟里装东西，开始时按顺序装成双成对的东西，然后就加速，东西十个八个地往里扔。四十分钟里，这个女人穿越了时空，不停讲着毫无关联令人困惑的事情，至于学生是否明白，要看时间地点顺序和相关性。地球是她的，地球上的一切都是她的。从林肯到约瑟夫·霞飞，从比尔谢巴到凡尔登，从靡非斯特到恺撒，这些知识席卷了无助的孩子们。再说得确切些，她从第七页一直复习到全书的中间页，偶尔联系一下当今状况，吐出几句关于国际联盟的深奥哲言。

终于可以休息会儿时，我问她："你是怎么教孩子们敬仰造物主的？你怎么用那种敬仰让孩子们发展强烈的个性，可以服从家庭、国家和人类的利益，并谦卑地服从上帝的意志？"

她说课程里没有这些东西，问我能不能说说我是什么意思。我为了回答她，转向学生们，问大家有多少人知道星星升落。没有一个学生听过这种事情。然后以尽量简单的语言，我给他们介绍了造物主的一些精彩工作，围绕我们运行并彼此很遥远的恒星，经过了千万个时代千万个世界，一直高速运转，却稳定、规律、和谐，待在自己的轨道上，这些星星上可能有百万种生物，一直向完美和幸福进化着。

当然孩子们还只能听懂一点儿，但他们问了我希望他们问的那个问题："为什么这些星星和世界不会掉下来？"为了让他们进一步询问，我说他们的老师会解释为什么石头会往下掉，也正是同样的原因控制着天体运行，使这些巨大的星球悬挂在无边的宇宙里。

校领导问我辛普森小姐怎样时，我轻声说她像是位惊人的工人。“她是的，确实，”他热烈地说，没注意到我毫无羞耻地使用的模棱两可的词语，“如果我们有更多像她这样的老师，我们还有什么不能教给孩子呢？”

“你们能教什么呢？”我沉思着。这让我想起一个朋友，她有一处漂亮的地产，在那里植树造林或造园简直可以挣回一个王国，但她却一直渴望有一条小溪。她总是一字一顿地说：“要是有一条小溪，想想我能做多少事情啊！”我一直想除了任其流淌，人还能用小溪做什么，最后我问她表兄：“要是博勒加德·史密斯夫人有了一条小溪，她会做什么？”然后我就听到了这个有力的回答：“要是博勒加德·史密斯夫人有了一条小溪，她会买些黏合剂，把小溪做成运河。”

教育过程主要就是往孩子的头脑里装载整洁干净的信息导弹，在规定的时间拉响它们，以保证它们还在，还能装进玩具手枪。这是对教育的假设。在这个悲伤浮躁的世界上，或许不应该过度苛责追随这个假设的父母和学校老师。但是为有利于大脑发展，那些政客应做点什么废除这样的教学？观察、比较、辨别对于学习是不可分割的，这不是最近发现的。大概早在拉美西斯二世时，人们就意识到，脑子里装满二等信息，会影响大脑正常工作和发展。这些妈妈都没有感受到，都不知道吗？可是，在等待“新的好方法”时，学校的大部分课程仍是传授信息型的。

传授信息很容易，即使页数多，老师也易说、易学，把死记硬背当学习也很容易，检测学生记住多少也容易，给答案评分也容易。对现在的青少年来说，不用攀登枯燥的知识山，因为有电梯把他们从幼儿园带到高中，他们连勤奋的乐趣都没尝试过，就毕业了。当一个漂亮的女毕业生站在前面宣读她的毕业论文《迦太基女王狄多的日记》时，高中校长自信地对他那几个听众说："看看我们为这个女孩做了什么。她爸爸只是个农场主，看她现在多不一样啊！"于是我们又一次清晰痛苦地看见，这个女生从图书馆的书上剽窃了一堆不道德的东西，夹杂着高中俚语，毫不羞愧地大声读给一群形形色色的人听，其实她已经到了明事理的年龄。

然而如果家庭做了自己该做的，就不用担心学校教育对感官训练的忽略。而且没有家庭差到连基础的科学指导都给不了。即使不完美或有明显的缺陷的家庭，在发展智力、反思、机敏、创造性方面，也可以有自己的作用。学校里可没有像厨房、地窖、院子这样的实验室。男孩非得等到上高中才能看并学到，铁暴露在湿空气中，一段时间后会转变成微红易碎的物质吗？父母得做多少研究，才能解释锈是空气中氧气和铁混合后的产物？孩子非得入学后，才能观察降落的雨滴、上升的水蒸气，才能知道那是因为一个比空气重，一个比空气轻？才能明白浴缸表面的水温比底部高，才能知道受热的水和空气上升后，冷空气会流动过来，填补这个地方，这就是地表风的成因？

没有学校可以训练孩子学习算术，家庭生活却可以。孩子最先在厨房里学到数学。他可以通过自己的手和眼感知，一个盘子和一个盘子在一起是两个盘子，一夸脱[①]比一品脱[②]多，而一品脱比一夸脱少，猫的脚比他多，他的脚比猫少，这些都是学习算术的正确方法。如果不能基于长时间认真的感知培训，学校的数学课，不仅不能培养数学能力，还会让孩子糊涂，或多或少摧毁孩子对数字的自然态度。

老师妈妈的孩子们非得去学校，学习四季、指南针的指向、日升月落、实体世界的三大帝国？学习读温度计、晴雨表、风向标、天空及其征兆？学习自然界没有什么简单、低下、丑陋、平常到不值得学习的？

说到兴趣，健康的兴趣爱好是抵抗邪恶的潜在力量，因为只有知识并不能阻止犯错。学校哪部分可以教家里的宠物发展身心，不管是猫、狗、牛、鸟，还是世界上最神奇的婴儿？

小女孩在干草堆发现一窝热乎乎的白色鸡蛋，是她一生中的伟大时刻。它们怎么会在这里？她以前见过蛋，也知道母鸡下蛋，但是直到看见这个了不起的窝，那些解释才有了意义。然后问题来了：母

①夸脱：英美制体积单位，但1夸脱在英美两国代表的是不同的容量，英制1夸脱等于1.1365升，美制1夸脱约等于0.946升。——译者注

②品脱：英美制体积或容积单位，1品脱约等于1/2夸脱。——译者注

鸡是一次下这么多的吗？为什么热乎乎的？它每天都会来这里吗？它还有别的窝吗？最好学校的自然研究，也比不上发现这个窝带来的惊奇、兴奋和欣喜。

“我该怎么教我的孩子推理？”先让他观察，为解释和推理奠定基础。只有感官能识别的原因和理由，孩子才能理解，他还不能理解抽象的东西。再好的解释和说明，也不能让一个七八岁的孩子明白日夜交替、四季变化的原因，但一点小问题，却可以引导他，在自己的认知范围内，得出合理的结论。比如，聒噪的英美麻雀会留在寒冷的北方过冬，而其他鸟儿大都飞向南方，这是为什么？因为这些鸟儿的耐寒力比那些候鸟强。它还能找到过冬的食物，特别是在城市，或其他冬天能找到谷子的地方，因为它必须找到。其他耐寒的鸟儿可能找得到谷子，但却不敢和场地上的其他鸟儿抢，也不敢从路上捡，因此麻雀粗糙的皮肤，它的饮食习惯，它的勇气，这一切都使它成为普遍的留鸟。

坚持让孩子规律性工作的一个好理由是，只有通过动手，孩子才能得到最适合大脑发展的锻炼，通过经验和实验，才能学会由因到果、由果及因的推理。孩子完成各种家务时，通过理智和感觉，可以掌握有助于大脑平衡和判断的大量知识，以及现有条件下其他方法无法自然习得的知识。

沉溺于书本的孩子会忽略生活中的实物。妈妈必须努力改正这点，要用各种方法强调眼前现实世界的重要性，她要训练他用双眼和双手做事情。训练他用自己的双手做哪怕最简单的事情，也比同样的时间和教学，在学校里学习的东西有价值得多。就算他很小，也可以学习使用工具，锄头、耙子、铲子，以形成惯性，感受工具在使用时受到的阻力，以及大脑的阻力，发展肌觉。在厨房帮你忙，或观察你做饭，都可以学到很多东西。做蛋糕时让孩子告诉你接下来放什么，放多少，他可以数鸡蛋，学习品脱、夸脱等，但不要指望他数出没用过的数，要先估量再数数，而不是反过来。

孩子不是家庭观察课的唯一受益者，老师妈妈也会一天天更聪明，以脑磨脑，即使是孩子的大脑，也是无法超越的智力激励。它可以提高正确判断的能力，聪明处事的能力，特别是生活中的处事能力，还可以增加常识，“不常见的常识积累就是世人眼里的智慧”。孩子能跟妈妈学到很多，但妈妈能跟孩子学到更多。等她从十个不同角度给孩子展示完一件物品时，她就会意识到，认识一件物品最彻底的方法就是教学。比起把孩子丢给陌生人指导，她能更好地了解孩子。

如果我对脑力训练的坚持，让老师妈妈产生恐慌，担心自己缺乏完成这项任务的必备技能和学识，那就让我来展示一下这个任务多么简单。脑力训练的效力主要依赖感知训练，特别是我们说的身体或动物性的感知训练。最幸运的是，这项训练应从婴儿时期开始，不然我们就忽视了一整个心理时期，这是可塑性最强的时期，能对合适的刺激做出最好的反应。一般一节观察课上，妈妈教孩子，孩子教自己，同时却教了妈妈二十节课。感官训练就是脑力训练，这个事实简单可喜。现在还有什么困难呢？感知简单而基础。任何能阅读的人都会训练，感知训练完成了，惊人的“脑力训练”就可自动完成。至于必备知识，早期要教的东西，妈妈都具备。在一朵花、一颗星、一棵树、一只鸟、一只小野兽身上找到兴趣，其他的就交给大自然。

感知教育最好基于本能，就是天性使然，而不是系统训练。这是说，一个好老师，接受大自然指导，让孩子通过试验对外界事物获得清晰认知，因为试验是创造之母。给新概念充裕的形成时间，告诉七八岁的孩子月亮绕地球转，回答他的问题，不过让他自己独自形成新概念，让他追随月亮翻山越海，让他去怀疑这到底是不是真的。如果他的问题没有表明他已经走出了月亮问题，就不要提到其他的星体。

培养好奇心，你以后就不用抱怨无用的好奇了。教你的孩子对值得注意的，而不是不重要的事情感兴趣。真正的艺术家，不管多风雅，都是赞美自己画的树，而不是自己的画。因此，让自然优于人工。童年时他可能学不会这件事，但他可以开始学习。不要觉得他理所当然能理解。没学过直线的孩子不知道直线是什么。他会说一条斜直线是曲线，会说圆是直的，因为整齐。

实体课要直接。学习树就要从树学，而不是从一本写树的书上学。

但可以通过口头解释和阅读扩大知识量。第一课要尽可能简单清楚，渐渐扩大，同样的物体可以在许多课上使用。孩子可能不能一次学会一个物体的全部知识，要清楚掌握可能需要好几年。感官的使用，要一天天一年年系统地训练，学习多种物体。

如果你希望你的孩子对大自然感兴趣，你自己就要感兴趣。因此，保罗拿着一只甲虫回来时，不要尖叫着让他拿开这个脏东西，而是把它当作学习的东西。我不要你去摸那只虫子，因为其实我也不会摸，但有别的好方法。为了不让六月甲壳虫的课等到高中上，你可以对保罗说："看看我们能从这只甲虫身上找到什么。它有几条腿？身体是一部分还是两部分？眼睛是什么样的？有颌吗？有触角？脚？尾巴？刺？还是都没有？有几对翅膀？翅膀什么颜色，什么形状？不飞时翅膀怎么合上的？在哪里找到的它？它吃什么？"这些只是建议，你还可以扩展，这样孩子就可以在被告知别人的观察结果前，用自己的感官和大脑得到结果。

感官训练的材料可以分成自然和人工，有生命和无生命，材料的选用，应与孩子的年龄和环境一致。早上问问自己，今天你要带他认识宇宙的哪一部分。婴儿时就开始这样做，天气允许的时候，让他在户外小睡，这样他醒的时候，就会看见摇晃的树或飘过的云，而不是呆板的墙壁。保护他的眼睛避免强光刺激，尽可能带他到大自然中。

课程学习材料，应该尽可能由孩子自己找到或提供。早期选择的物体要避免有害。我们要学会用自己的感官，而不是爸爸的笔记本，从环境中学会最好的东西。因此替代户外自然的假冒品都华而不实。幼儿园时期，除了粉笔和黑板，还有阴雨天的写字本画画本外，尽量不要用花钱的东西。这不是要节约，虽然间接形成了节约的习惯，而是要尽量利用家和环境的优势，尽量追随伟人们走过的路，因为他们高贵和有价值的生命已经证明这条路是正确的。“老方法是最好的。”字母积木的价值并不高。当然你可以用这些字母上课，教孩子比较大小、边缘粗糙或平滑、轻或重等。但这些课用任意搜集的材料上效果会更好，像树棍、石头、土、植物、一桶水、鸡蛋、盘子、软管、宠物等近在手边的东西。最好的物体就是大人最熟悉的，但却因为过于普通常常被我们忽略。

为了帮助孩子在环境中找到自己准确的位置，没什么太简单、太低下、太普通而不值得一看的东西。我们不要无视泥地上的鸡爪印，或者牛的两只角是否完全一样。你的后院可以上那么多的自然课，我再多说就是多此一举了。让你儿子去观察事情，你会看到他很快就能教会自己。利用好自然玩具，特别是三岁前。七岁前，三大王国中实用和合理，处于自然状态的物体都可以作为玩具。这样，在最好的时期，通过感官而不是言语，孩子与自然环境有了紧密联系，婴儿智商得到了发展。普通的圆石头是比瓷门把手好的玩具，土豆也比橡皮球好，引火棍或硬木是比精心计划的块状物更好的建筑材料。每种自然物体都有明显的特点，这个特点，虽与其作为观察材料时的价值不一样，但也不会降低它们作为玩具的价值，而玩具的价值是现在应该首先考虑的。水、沙、泥、卵石、石头、棍子、坚果、做船的胡桃壳、豆子、豌豆、湿透的玉米粒、做珠子的甜辣椒、土豆、苹果、南瓜、葫芦、包午饭的大树叶、做桌巾和餐巾纸的小树叶、猫、狗，这些或它们的各种组合，还有其他手边的东西，可以让小孩子快乐、乖巧地忙于学习。

第七章

打开思维之门

有些实体课，不需要固定时间，应该每天都上。“呱呱”叫的青蛙、冒烟的炉子、打碎的盘子、坏苹果、猫的脚趾，任何看得到的东西，都应该抓住机会看到。我肯定，一个老师妈妈会和那个过度讲究方法的幼儿园老师立场一致。我向那个老师展示了一些即将破壳的蝶蛹，并说想让孩子们看看蝴蝶破茧的奇迹。但她拒绝了，说根据她四本幼儿园教材上的理论，一月份不应该乱挖蝴蝶的茧，破坏蝴蝶的生活。我无话可说，把我的毛毛虫放回罐子，去找另一个幼儿园老师，恳求她看在同情我的分上答应。她同意了，但是说前面的那个老师说得是正确的，因为有一首在蝴蝶破茧时唱的蝴蝶歌，是四月唱的，而现在是一月。

教实体课的时机，是那个实体展示出来的时候。可学的实体绝不限于本书提到的那些。书中所举并不是系统性安排，仅仅是选举了不常见的一些。我故意忽略了那些自己可以教自己的实体，也就是幼儿园教的那些课程。

一些老式贵族家庭很为他们灵敏的鼻子感到骄傲。除了是重要的感知器官，相比苛刻的味觉，苛刻的鼻子还是重要的防卫。因此，嗅觉训练应结合实际每天进行。训练良好的鼻子，能帮助人们躲过传染病和有毒食物，这种观点很合理。滥用香水会破坏嗅觉。嗅觉神经禁不起即使轻微过度的负担。任何你确定可以闻的东西，都可以给你的孩子闻。肥皂、黄油、醋、糖蜜、辣椒、墨水、蔬菜、水果、花、草、松脂、樟脑、车轴滑脂、奶牛、马、羊，所有这些都可以帮助训练嗅觉。婴儿也应该学习闻花和别的东西，这样他很快就能学会闻东西。

通过手和感官，教会孩子基本常识。三岁的孩子要训练感觉。比如，在桌子上放外形相似的东西，像球、纽扣、坚果，蒙上罗伯特的眼睛，让他一个个拿起来，用手指辨认，说出名称，并尽量描述清楚。蒙住他的眼睛，让他辨别布、树叶、纸张、硬币和种子的区别。“粗糙和平滑”的课也可以这样上。比如粗锉刀、指甲锉、土豆、苹果、胡桃、榛子、粗糙和平滑的纸张等。另外，手指还可以学会辨别热、冷、硬、软、干、湿。

肌觉是感觉的一种，能够估算一磅[①]或一盎司的重量，这种能力不是无用的，而是可以帮助判断实际事物。任何人经过坚持不懈的练习都能获得这种能力。给孩子安排判断重量的课程。让小男孩收集石头，告诉他把重的放一边，轻的放一边。一段时间，大约一年后，让他把石头分三份，中间放不重不轻的。

这样的课可以使用熨斗、木棍等，只要孩子拿得起都行。用一块砖作为标准重量。让孩子说出哪个重，哪个轻，这样你就可以教会他们正确使用这些词。开始时重量的差异要大，然后渐渐缩小。一段时间后，比较三种东西的重量，学习更轻和最轻，更重和最重。这样的

①磅：英美制质量或重量单位，1磅约等于0.454千克。——译者注

课程可以无限扩大。

给五岁的孩子拿刚好一磅的东西，是很好的锻炼，比如一盒苏打粉，或者在袋子里装一磅沙。一年后，换成半磅。让他把这作为比较，称量其他物体，估计它们比一磅多还是少。之后再把物体放秤上，让他看自己的估计是否正确。一个带量盘的老式天平更好用，因为它的结构非常简单，不需要过多解释。没有的话，可以让保罗帮你一起做一个。你只需要一个木棍，中间留个梁洞；两个纸盘子做天平盘；一根线；一根金属丝把天平悬挂起来，保持平衡。你可以很容易调节平衡，而且你为孩子打开了多么丰富的物理宝藏！这些游戏很适合冬天的晚上和父母玩，大家轮流估测，再称了决定输赢。孩子们可能一开始猜得很离谱，但练习会让他们越来越准确。

听觉训练也要每日进行，钢琴等乐器的声音、人声、动物叫声都可以拿来练习。让埃洛伊丝模仿小猪、大猪、小鸡、母鸡、公鸡和其他家畜，野生动物、麻雀、知更鸟、松鸡、乌鸦、小溪、发动机的声音。模仿得像不像没有关系，重要的是做和努力。但要确保这种模仿不会破坏良好的教养。不要鼓励模仿人类的行为，那不明智，但很容易养成习惯。

四到七岁的孩子应该认识蚯蚓、蜘蛛、蚱蜢、萤火虫。在地上找一块平整的石头，把它翻过来，让查尔斯看那些惊惶逃跑到暗处的小生物。扰乱一个蚁穴，看那些蚂蚁带着它们珍贵的小宝宝，逃跑到新的地方。

可以的话，在水塘里找到蟾蜍卵和青蛙。捉一些蝌蚪，放在玻璃罐子里，经常换池塘水，以保证它们找到泥水里的食物。观察它们长腿、掉尾巴，还有其他变化。可以的话，在孩子的帮助下，建造人工池塘、小河、溪流和桥，教会孩子这些东西的意义。这样的课重要，不只是因为积累有趣和有价值的事实，还获得一种永久的兴趣。这种兴趣可能会在孩子的叛逆期成为一种保护，因为叛逆期的孩子更愿意关注自己。

埃莉诺的观察课上，最有趣的是观察她的羊羔或其他宠物。她要数它的眼睛、耳朵、尾巴、脚趾。她要学习羊毛、皮毛、蹄子、爪子、脚趾、指甲和脚掌。可以同样的方式教她狗身上的重要部分，比如身体、脚趾、脚、耳朵、眼睛、嘴巴、牙齿、舌头、鼻子、毛发、尾巴、后背、肋骨、侧身、侧腹。让她自己数出狗的每只脚上有几个脚趾。我们有几个人知道狗后腿上一般只有四个脚趾？在前腿上，她可以发现第五个脚趾和其他的脚趾是分开的，而且比其他的脚趾高一点。看看指甲是什么颜色的？狗嘴里是什么颜色的？教她鸡身上的各部位：腿、脚趾、羽毛、翅膀、尾巴、喙、眼睛、鸡冠、鸡背、脖子、嗉囊、砂囊，不仅仅是名字，还要在孩子能理解的范围内让她知道正确的意义。一种可季复一季、年复一年练习的观察方式，是检查和比较鸡、牛、猪和孩子的脚印，以及造成脚印的脚。让她去看牛、马、狗、猫，然后来描述给你听。

特别是五岁以后，鸟是很好很合适的观察课和常识课对象。可能比花还要合适，因为它们更有生命力，更吸引孩子，能更直接自然地激起想象力。你院子里现在有什么鸟？后来的麻雀吃了什么？闭着眼睛描述它们。比较麻雀和其他鸟儿的大小、颜色、形状、飞行、在地面上的步法、习惯、食物、朋友、数量。什么鸟庄严地跳、走和跑？试着找一个知更鸟的巢，看小鸟张大黄色的喙等待老鸟递过来的大肥虫。

给鸟儿留食物，面包屑、种子、谷子、玉米粒都行，让它们留下来过冬。为防止猫儿吃到，可以把板油放在反扣的平底锅或其他东西上面，固定在树上。麻雀可能不会吃，但其他鸟儿会来饱餐一顿。现在，如果鸟儿接受你的邀请，留下来和你过冬，天气不好时，要确保食物供应。

冬天，在一罐土中种点豌豆或大豆，或最好让海伦做这些。让她给这个微型花园除草、浇水，一天天等种子发芽，她就知道事物是怎样生长的了。种一个发芽快速的植物，然后再种发芽慢的，她可以看到不同。这可以让她为夏日课程做准备。你有冬天开花的球茎吗？郁金香和水仙都是好的选择。秋天，根据说明，把它们种在地下室的土壤里，第一次种一棵，以后越来越多，扎根后，渐渐把它们移到有阳光和温暖的地方。孩子们可以根据指示浇水，估测生长，观察发展，心满意足地去闻或羡慕。早春时节，摘几枝带花蕾的果树枝，让孩子们看花开花落。同样的方法养褪色柳，待其开花后，种到土里，它们会生长繁荣起来。

让雪也成为一门课。在炉子上融化，让孩子们看见它变成了水，让水从过滤器流出，告诉他们水也可以变成雨。如果过滤器的孔太大，在底端放上吸水纸，这样水就会一滴滴慢慢流出。

五六岁的孩子应该学习各种蔬菜，观察和比较叶子、茎干、根等。教他们辨认你家周围的树，叫出它们的名字，但不要期望这样的小孩子能注意到它们有多少不同。这个要一点点来。首先让他们注意到普遍的特征，对树有个大致印象。教他们根据花朵、气味和叶子辨认不同的花。可以玩这样的游戏，比如给孩子一片叶子，让他去找出对应的植物。折下一段马栗树的树枝或嫩梢，给玛格丽特看叶子上马蹄形的花纹，告诉她马栗树名字的由来。

五岁的孩子可以这样训练大脑。“埃迪，假装我不认识萝卜。告诉我在哪儿可以找到它们，并且告诉我萝卜的样子，这样我找到的时候就能认出来。”然后，用正确的语言，比如右或左等，他可以指引你穿过房子，来到花园的萝卜地，告诉你萝卜的叶子什么样，它们长得有多相近等。频繁地进行这种训练，可以让他学会说话前先思考，迫使他使用精确语言。

六岁左右的孩子，可以使用不标准的测量单位。比如，看看这个桌子有几支铅笔长，几支宽，有多少腕尺（胳膊肘到中指指尖的距离），有多少书长。不要因为这种单位不是普遍接受的，就解释说这种测量无意义。除非孩子觉得需要必要的解释，也就是说，他感到需要更合适的东西来测量。就算他需要两年才意识到这点也没关系，如果过早告诉他，那就只是一个事实，失去了教育价值。但如果在正确的时间告诉他，这就是教育上必须且重要的一步。另一种训练眼睛的方法是，用码尺做标准，估测相对的长度和高度。码尺比桌子长还是短？门和窗多宽？炉子呢？一些孩子可以参与这些课程。较晚时候使用英尺，更晚一些使用英寸。

进行手眼并用的训练。让孩子用满杯往桶或其他容器里装水或沙子，教他学会估计是否还能装下另一杯。再让他用杯子把容器清空，每次一满杯，观察容器如何空掉，到最后见底时，判断还够不够一杯。这些课程重要，比算术还重要。测量可以让大脑沉着，学会判断。这样的训练不是一年性的，而是年复一年，用你能想到的变化、延伸和扩大法进行。

教孩子温度计、天平、玻璃管、灯泡、水银的名字，这是为了让他快速熟悉周围环境，让他习惯学习熟悉事物的名字。温度计和水银对七岁的孩子来说没什么意义，但可以给他展示，稍微倾斜，水银看上去跑得多快。在他知道与其他物体相比，水银的重量后，问他是否愿意跳进一个水银或汞湖。

晴朗的夜晚，特别是“月黑之时”，指出一些显眼的星座，像北斗七星、猎户座、仙后座、狮子座、仙女座。如果你忘了它们的样子，找一本流行星座书，这些书上通常还有星座的神话故事。每夜都看同一颗星。当它像太阳一样从夜空消失，它落下去了，为了再次升起。教孩子认识指南针的红点，这样他可以知道从哪扇窗子看出去是东、南、西、北。

观看新月。注意你最先看到新月的那片天空，不管是接近地平线还是升到最高点，不管月亮的角指向左右还是东西，问孩子看得到的是左边还是右边的半圆。每天观察它亮度或位置的变化，直到月亏。现在能看见哪边？它的角指向右还是左，东还是西？带孩子看苏格兰人说的“老月枕在新月的臂弯里”的情景。指引孩子看新月几乎和太阳同时升起，也同时降落；圆月却是日落时升起，日出时降落。

夏日教学应以花园为主，即使你的花园很小。如果孩子每天和你一起除草、耕作，问和这些操作相关的问题，把他的注意力集中到他所接触的所有自然和人工的事物上，他可以得到他所需要的自然研究，还会得到必需的习惯培养。观察这些小小的绿色植物把头伸出地面，舒展着叶片，也吸引了昆虫。向他指出蔬菜和野草之间的明显区别。他能辨认后，只要可行，就让他每天拔回草。不要问他愿不愿意，也不要由着他这拔一根那拔一根，给他分好一小块，让他拔干净。让他对园子里出现的各种生物感兴趣，甲虫、糖蛾、蚯蚓、蚂蚁、蜘蛛、蚱蜢、苍蝇、蝴蝶、飞蛾、蟾蜍、鼹鼠、蝾螈、蛇。不仅教会他辨认，还要尽可能让他知道各种生物的住处，地下、地上还是他头顶上。让他自己发现这个，因为每个生物被打扰后，都会飞快地逃离草下暂居或久住的地方，去找安全住所。这种方法可以帮你把观察课、规律性和有用的活动结合起来。

然后，如果有时间，你还可以找到这些东西的图片或描述，这样孩子就能得到两种信息，一种是通过直接实用经验获得的实证研究，一种是书本和插图带来的理论知识。比起其他产业，我更推荐农业活动作为孩子的指导。农业活动可以让孩子获得一个优良、健全、完美的教育，这种出色、和谐和人性的教育不是从书本和学校获得的，但是好书和适当的学校教育却可以起辅助作用。

或许在说了这么多闲话后，我们可以总结一下感官训练的原则：

1．尽可能多地五官并用观察物体。

2．找出物体的名字。

3．让孩子用自己对物体的描述，回答你简单、适当、安排合理的问题。

4．以问题引导，让孩子把新学物体与已知物体相比。

5．基于已知信息，给孩子补充适当的其他信息。

6．教他一句和所学物体相关的合适的谚语、格言，或描述别人对此物体的想法和发现的诗。读一个合适的故事，或者帮助孩子找到这样的读物。

第一年

指导的第一年，也就是孩子差不多三岁时，他应该学会把树和其他物体区分开。要学会树干、树枝和树叶的不同之处。

问这样的问题："哪个大，树干还是树枝？树枝还是树叶？"

"给我看一根长树枝。"

"这是一根长树枝。"

"给我看一根短树枝。"

"这是一根短树枝。"

告诉孩子："在那棵树（橡树、枫树、苹果树）的树皮上，摩挲你的手。现在树皮很粗糙。"

"在妈妈脸上摩挲你的手，这不粗糙，这是光滑的。"

让孩子把树叶从指间拉出，问："是不是一边比另一边粗糙？""哪边更滑，上面还是下面？""哪边更亮？""哪边不那么亮或闪？"回答："下面不那么亮，它是暗的。"

"叶子有梗吗？""梗比叶子长还是短？""再找一片叶子。""用你的手指弄皱。""感觉干还是湿？"

把两片叶子叠放在一起，比较大小。"哪个大？哪个小？"

让孩子收集树叶，然后把大的放一堆，小的放一堆。

"你有几堆？"

“我有两堆。”

“哪堆树叶多？”

“这堆树叶多。”

让孩子注意听风中叶子的窸窣声，以及被风吹散的枯叶，“它们离开了温暖的家，所以被风到处吹”。

下面这样的话很好记：

“‘来吧，小叶子，’有一天风说，‘来和我一起到草地上玩吧。’”

进行这样的户外课程时，给孩子穿合适的衣服，避免衣服不适带来的影响。

日复一日重复这样的课程，不停变换角度。孩子学会分清叶子和树梢，树梢和树枝，树枝和树干，以及在听到名称的瞬间看向对应事物，需要很长很长的时间。

第二年

复习第一年的课程，并不断扩展，使用同样的方法。

附加课：

教会孩子用眼、手和脚估测。

“你抱得过来那棵树吗？试试。如果不能，为什么不能？”

“因为我手臂不够长。”

“妈妈抱得过来吗？为什么？”

“抱得过来，因为她手臂长。”

你能找到一千个类似的问题。

“你能够到最矮的树枝吗？试试。为什么不能？”

“因为我不够高。”

“爸爸够得到吗？为什么？”

“够得到，因为他比我高。”

“高几倍？”

“高两倍。”

“哪个矮，树干还是树枝？”

“哪个高，树干还是树枝？”

“站在这里，你能摸到树吗？试试。”

“你能踢到树吗？试试。”

“这片叶子有你的手长吗？我们量量看。”

“它有你的手宽吗？”

“哪个更宽，这片叶子还是你的脚？”

“你能用手测量这根树枝吗？”

“你的手指能绕住爸爸的手杖一圈吗？为什么？”

“能，因为它很细。”

指出不同树的树干，让孩子认识直和弯。“你更喜欢哪个，直的还是弯的？”

第三年

复习第二年的课程，不断扩展，使用同样的方法。

附加课：

到现在，学习的都还是可见事物。现在要开始比较和联系它们。

让孩子观察树在风中摇摆。风很大，但可以忍受。问：“如果风暴更大些，会发生什么？”

给他看被风吹断的树枝或树。

向他解释说明，如果没有地下根的支撑，树就抵御不了风，就像扫帚倒过来立不稳一样。可能的话，给孩子看被风连根拔起的树。

现在试着给孩子留下这样的树（或其他在学的物体）的概念，树的名字不是指树的一部分，不是树冠树根什么的，而是整棵树，从树冠到根须。他要看到地下的干和枝，可以把这当成地上部分的倒影。某些情况下，地下部分和地上部分一样大，很正常。孩子理解这些，连接因果，需要很长时间。会一个词的拼写和发音，不代表理解这个词。

耐心持续的重复和变化很必要。老师妈妈不要问小孩子他是否明白了，因为他不知道自己是不是明白。他只能探索合适的问题，弄明白这点。

找一方池水，水里有树的倒影。

妈妈：“看这个。你看到了什么？”

孩子：“我看到一棵倒长的树，天空在它下面。”

给孩子解释这个。然后解释，除了叶子（还有果实和种子），这张图就是树地下部分的样子。主根，就是图里的树干，有时候会长好多英尺，直到碰到一个障碍物，使它弯曲。从这主根上，长出很多树枝，就是根，越往下越小。从这些根长出支根，和大树的嫩梢对应。像蒲公英这样的小植物，只有一个主根，能被拔或挖出来，可以用个小方法说明。

现在让孩子画出他看到的树的样子。这些画只是粗略的轮廓，会有树干、树枝、根和叶。不可能指望看到精确的绘画。

“树影什么时候最长，早上、中午还是晚上？”

“树影总在树的一边吗？”

向孩子展示怎样用步子测量影子的长度。

截一根树棍，测量孩子的身高，让他用树棍量量树影是他身高的几倍，或者用扫帚柄（或码尺）量树影的长度。

告诉孩子一直爬到树顶的树液，是它滋养着树干和树叶。

下面这样的话很好记：

“叶子怎样成长，

在春天的枝干上？

树液奋力往上冲，

滋养大家的好生活。”

第四年

复习前一年的课程，并不断扩展，使用同样的方法。

我们继续以树为例，解释扩展教学。

让孩子找回一片大树叶，各部分都完整且完美。“观察树叶的纹路。这些纹路是由叶脉或小空心管构成的，就像你能在自己皮肤下找到的一样。”（指给他看。）“那个大的中央叶脉是中脉。”（指给他看中脉从叶柄开始，因此有的叶子不止一个中脉，枫叶就有五个。）“中脉分叉了吗？”“其他叶脉是从中脉分出来，还是从叶柄长出来的？”

让孩子把叶子平放在纸上，用铅笔沿着叶子描出轮廓，然后画出纹路。这个略图要画出叶脉是从中脉长出还是从叶柄长出。

“这些叶脉有重要作用。你已经学过了树液，也就是树汁。树液通过叶脉运送到叶子，带来根从土壤吸收的水分和食材。所有超过需要的水分，都由叶子呼出，蒸发到空气中。食材则在阳光的帮助下，转换成植物养分，就像我们的食物，经由消化系统处理后，才送到身体各部位一样。这样植物养分就由树液运送到树的各部分，从树根到树冠。”

“如果树液漏出了点，或全部漏掉了，会怎样？”

“那树就会生病。”

“树会死。”

“这就是树流血了，得制止。”这里可以提到对伤者的急救。

“树是从内向外长的。每年树皮里面都会长一层新木头，这会拉伸树皮，如果树皮很硬，它就会迸裂或剥落。”

“秋天，树液不再流往树干，只留在树根里，树根在大地母亲的怀抱里保持温暖。树即将进入冬眠。那树表面有什么变化？”

“秋天的树叶是什么颜色的？”

“你可以走在落叶上不发出声音吗？为什么不能？”

“明年早春，大风会唤醒树木。摇摆会促使树液开始运输，就像挤压海绵，再松开，它就会吸满水一样。这就是风做的有用的事情之一。我们能怀疑以前人们认为风是神的想法吗？你还知道风做的其他有用的事情吗？”

带孩子寻找长在树上的青苔、蘑菇、苔藓、槲寄生等东西。“暴风雨是怎么帮助大树长这些东西的？”“如果没有暴风雨，树可能会因为过于茂盛而死亡。”

“上帝给的东西总是好的，尽管我们说不出为什么。”

给孩子看树的果实。让他明白所有树都结果子，不是只有所谓的果树才结果子。果实的意思是种子及其周围组织，而不只是好吃的那部分。

“看植物是怎样保护种子的（可以举橡实、松果、坚果、苹果、桃子等例子）。”“种子需要这样的保护吗？”

让孩子去找一棵小树苗，检查，再种下去，照顾，观察。保证认真规律地照顾小树苗。再找大树苗，拔一些没什么价值的，看根的结构。注意根上新鲜泥土的气味。可能的话，让孩子观看树木移植，在把成长的未受损的根放好时，要小心。

“根是什么？”

“根是树地下的部分。”

“根有什么用？”

“它们让树站稳，从土壤吸收营养和水分。”

“树皮呢？”

“树皮是树的皮肤。”

“树身上哪部分有树皮？”

“树干和树枝有树皮。”

“为什么这棵枫树（或橡树、柳树、苹果树等）树皮裂开了？”

“树在树皮底下生长，撑破了树皮。”

“如果把树皮拿掉了，树还能活吗？”

“不能，树液会漏出来。”

“根和支根有树皮吗？”

“有，像树干和枝梢一样。”

“枝梢是什么？”

“枝梢是小树枝。”

“这棵树的果实叫什么（橡树、枫树、山毛榉，某种果树、某种松柏等）？”

“大橡树从小橡实中长成。”

“种子是什么？”

“种子就是果实里能长出小树的部分。”

“小树苗是什么？”

“小树苗就是树宝宝。”

学习很多树的共同点，让孩子知道什么是典型树后，我们的课程可以从一种树换到各种树，让孩子的概念更清晰普遍。

“离家最近的那棵是什么树？”

“离篱笆最近的那棵是什么树？”

“什么树的树干最粗？”

“什么树的树干最长？”

“什么树的树枝最粗？”

“你能爬上哪棵树？”

“哪棵树是鸟儿最好的家园？为什么？”

让孩子观察树的不同点：大小、形状、树皮、气味、叶子。

“树皮粗糙的树有哪些？光滑的呢？”

“说出一种叶子窄长的树。宽叶的？有叶尖的？锯齿边的？”

一个合适的格言是：“我们都要像树叶一样枯萎。”

说说无花果树的故事。

第五年

复习前一年的课程，不断扩展。

附加课：

让孩子根据自己的观察告诉你，哪些树像枫树一样，在秋天落叶，哪些树像松树一样，一直到新叶长出才落老叶。后者和前者一样都落叶，只是季节不同。为了证明这点，观察地上的松柏类的针状叶。观察树上明亮的新叶和暗淡的老叶。

解释“生长”的意义：“大小和力量增加的自然过程。”

引导孩子看到，大部分“常青”的松柏，并不是常青的，比如落叶松。真正常青的是常春藤。

“老当益壮。”（可以常常使用类似的短语和格言，介绍词语比喻和暗喻的意义。）

让孩子在蔬菜和动物王国找到尽可能多的例子，说明阶段性的蜕皮和新生是成长的过程。牡鹿的角脱落又重长，龙虾的壳是这样，蛇皮，蚱蜢的外壳，家禽的羽毛，马和牛的毛发，皮毛动物的皮毛，都是这样的。

可以的话，找一个树桩的横截面（或图片），指出年轮线。让孩子从这里学到，有些树的成长，经历了漫长的历史。

让他从新砍的木头上剥下最外层的硬树皮，还有里层的软树皮，比较纹理和颜色。指出人类皮肤也有两层，但不要拿真皮和表皮这样的词，来折磨一个七岁的孩子。

解释环剥：“绕着树干，刻出一个圆形。”帮助孩子环剥一段木头或树桩，不要刻活树，因为会伤到树。他可以用白粉笔在树上画圈。

用下面的方法，让朗费罗的诗《海华沙之歌》容易理解，这里面描述了剥下山毛榉树皮做独木舟的事情。

“用他的刀子他环剥了树。”

“他做了什么？”

“他用刀子在树上割了一圈。”

“但是诗人说：‘在低丫之下。’告诉我在这棵树上，是割在哪里的。”

孩子用粉笔正确“环割”后，再复述下一句：“在根之上。”让孩子也画出这个圈。

然后是：“顺着树干，从上到下。”孩子用粉笔画。

“他纯粹完整地剥离了树皮。”

“‘剥’是什么意思？”说清楚它的意思，像“割”。

“‘离’是什么意思？”

“这里的‘纯粹’是什么意思？”

“意思是‘完全’。”

接下来：“他用一个木楔举起了它。”让孩子找个楔子，做出举起树皮的动作。

“从整齐的树干剥下它。”

让孩子拿一大张包装纸，做成一个空心圆筒，以便理解树皮的形式。让他知道树皮仍然是树桩那么大，也还是那样的形状。问他现在树没有包裹后，是什么样子，告诉他树是怎样“在晨风中簌簌发抖”。

这一课，说明了语言课要如何与观察课协调，以及在观察的基础上学习语言课。

让孩子在几棵树上测量最低的树枝到根部的距离，他可以爬到第一个树枝，放下铅垂线，然后以英尺法则测量铅垂线的长度。让他用卷尺测出树周的长度，再让他告诉你可以剥下的压平的树皮的长度和宽度。多做几次，用不同大小不同种类的树。之后，先让孩子估计，再测量，看他的估计是否正确。

解释周长：“环绕树的线，使成圆形。”让他找出很多树的圆周，这样这个词就可以正确使用了。待他找出树桩的圆周后，教他找直径：“从圆的一边到另一边，经过中心的直线长度。”可能的话，让他在上表面画出这条线。

“现在按顺序说出树身上的各部分。”

“根、树干、树枝、大树枝、枝梢、叶、树液、果实、种子。”

“树是自然物还是人工的？”

孩子能理解这是自然物后，就问：“动物、植物、矿物三大王国中，树属于哪一个？”

孩子如果能明白树属于植物王国，就告诉他树、灌木和树皮的不同。如果孩子不明白，不要说出正确答案，让他知道错在哪儿，然后通过自己的观察改正。错误和纠正可以让孩子对物体形成清晰的概念。

“叶子是什么？”

“叶子是树用来呼吸的部分。”

“树是什么？”

“树是高于十英尺的植物，木质，有一个树干。”（应该说“木质组织”，但是这时候孩子还不能理解“组织”，应该避免。）

“树林是什么？”

“树林就是一片灌木和树木，而且这些树木不是果树。”

“森林是什么？”

“森林就是大片树林。”

现在，指引孩子从自己的经验，去发现树能给我们带来的各种益处吧。

（这阶段尽量避免使用“用处”代替“益处”。引进商业价值还为时过早，而且商业价值会导致物质主义。而益处，却可以产生感激。）

“树木保护房屋和家畜免受大风暴的侵害，也保护地面免受大雨冲刷，使雨水打到叶片上再滚下来，而不是直接拍击大地。它们使土地松软，使水浸入，而不是在地面上流淌，造成可怕的水灾，以及水灾后的旱灾。它们阻止了大火蔓延。它们给有益鸟提供庇护和家园。它们还补充燃料。许多工业都全部或部分地依赖树木，比如建筑、家具、造船、制革。树木给风景增加美丽和个性。”

试着通过提问，让孩子明白树的生命，像别的所有生命一样，活着要依赖空气、温度、水和光。让孩子用小植物做实验证明，最好用杂草。比如，让他移植一棵生命力旺盛的杂草到花盘里，放足够的泥土，好好浇水，但是要放在黑暗的地方。没有光会怎样？现在改变条件，再移植另一棵草，有光，但是不浇水。这棵会是什么结果？以此类推。你不能指望七岁的孩子了解所有这些实验条件。好的判断，常常体现在你没说什么，而不是你说了什么。

下面的几句话容易记忆：

歌颂橡树吧，
为它是树之王，
歌颂橡树吧，
为它久绿和优良，
为它多枝和宽广，
隐于林之央，
为它永不停息地生长，
不管我们何种境况。

“你能找到两片一样的树叶吗？”这寻找的过程，最终会让他们想到，上帝造了无数的树叶，可是却每片都不一样。记住，我不会说没有两片一样的树叶。即使小孩都明白，一个反面有待证明的事件，最好不要当作事实陈述。我们太喜欢下结论，总是不想证据多么有限。

从感知一点点获得的特别知识，使孩子终于有了常识，这条路没有捷径可走。

孩子必须从许多个例中学同样的事情，才能学到普遍性。与大家想得相反，孩子学得很慢。最简单的课程，你也要每天重复，不断变换视点。

不要误信，重复让孩子觉得单调。这种教法，观察会给每次重复带来新鲜。许多教育公认失败的一个原因是，教育本应坚持耐心，一遍遍教学，直到孩子理解，那时才让孩子得出自己的结论。但老师做不到这点。这就是为什么目前的学校教育让孩子觉得困难，虽然一级级前进，但却没有独立思考，对重大事件也没有独立观点。我不是说你的学校教育，或者你父母的，连今天的也是如此。

第八章

玩

最近几年，很多人都试图就这个老话题，写点儿新东西。这种努力如此成功，以至于读者都倾向于认为，在很少讨论“玩”的美好过去，孩子训练中的这一阶段理解得最好，或至少管理得最好。我的批评主要针对那些对孩子玩过或爱过的游戏的冷漠分析，而这些分析的目的是为了将游戏按“脑力开发”或“肌肉训练”分类。

前不久，一个号称孩子大脑解剖者的人，课间造访了我们学校。孩子们正开心地玩着各种简单的游戏，没有人注意到这位伟大人物的到来。对于这里的孩子，特别是玩跷跷板的孩子，他感到很不快。因为跷跷板既没锻炼体力也没锻炼智力，他连孩子的社交敏感性都不能发表意见。事实上，在他眼里，这不是什么好事。培养学生“社交敏感性”的想法让我彻底平静了，因为你和我都不能把握这样的活词。现在我们都在一个安全的距离内，让我们问问自己，一个做事稳定，特别是学习稳定的孩子，没什么比假日更能快速完全地使他恢复精神，想玩什么玩什么时，他常玩跷跷板，这样一个孩子，遇到恶意社交，我们能说什么呢？更重要的是，跷跷板也有实用价值。两个孩子在锯木架或篱笆上平衡一块木头时，他们正在做基础实验，这个实验可以让他们看到，如果想保持平衡，轻的人就要站远一些，他们正在理解神秘的实验室公式“力一定时，力臂越长，力矩越大”。

在另一个班，有那些在游戏中看到自我教育的人，根据幼童的每个动作，给他们分类贴上标签。即使聪明如蒙特梭利，也辞退过一个保姆。因为她每天晚上都把十八个月的孩子从沙滩带回家，不顾孩子哭闹着要继续挖沙进行“自我教育”。

所有作家，除了绝望的老式人物，都把孩子的行为归为猴子祖先的原因。因此有人说孩子喜欢爬和晃很自然，因为我们那些住在树上的猴子祖先，在森林里不也是从一棵树晃到另一棵吗？孩子天生喜欢玩沙子，因为这能回想起遥远时代我们摇摇晃晃的两栖祖先，它们从海里爬上岸，发现了沙滩的平滑温暖，它们在那里走路、晒太阳、闲躺，把手塞进沙子里，瞬间，它们硬壳或软壳下的心滋生了一种向往更高生活的愿望，摇尾巴生活的愿望，如果你允许，树顶生活的愿望。这些冒犯性的言论有增无减，连婴儿喜欢做泥团、挖泥土都彰显着什么“很久以来祖先掘食虫子的特殊本能”。

坦白说，妈妈们，你们有没有被这些不敬、盲目和无情荒唐的言论厌烦死？非得用猴子祖先来解释孩子们的忙碌、好奇、浑身上下都是运动细胞？为什么不这样想，宝宝向你笑，可能不是心理学家的动物理论，而是对你的表情的模仿？紧紧抓着你的手，或爬椅子，研究纽扣盒的幼童，难道就是因为继承了丑陋的猿猴摇手爬树的天性？每个妈妈都知道不是这样的。

多么可惜，把聪明才智浪费在鸡蛋里挑骨头，就为了证明我们并不比蜥蜴或跳蚤高明。如果教育者们不再从动物角度分析孩子，而是用自己清楚的眼睛观察，审慎的大脑思考，把孩子们看作是从天堂来到世上终身学习的年轻人，这该是人类多大的福利啊！让我们从人类的角度，寻找允许和鼓励孩子游戏的原因吧。你会发现这样的原因数不胜数。

首先，也是最充分的理由就是，玩有益于身心健康。那些小时候没机会玩的人，大了也会玩，而这会毁了他们的人生。玩能自然而然地带人走向人生的重要事务。保证孩子玩是父母的责任，但不要让工作代替玩或让玩代替工作。对任何身体锻炼最好的推荐理由就是，它模仿了童年时的无意识的游戏。

玩对于大脑就像钟摆对于钟，防止它走得过快。如果孩子的大脑成长快过身体，就会有麻烦。大脑过度活动会消耗神经。孩子的大脑一旦开始过快运转，就需要比常人更多的智慧和理解力支撑这个习惯。孩子自己无法停止，这样会导致神经错乱和逻辑混乱。最好的防止措施，也是最好的治疗方案，就是给孩子很多事情做。就是说，孩子成长时，动手比动脑好得多。每天应安排一段时间进行这样的身体运动，不要指导孩子，避免别人和孩子聊天。不加指导的游戏可以培养孩子的想象力。通过正式课程“培养想象力”，纯是浪费时间和精力，因为想象和想象的冲动都需要自发。

孩子们喜欢忙碌，他们做的事情，也就是接下来的许多提议，不管叫玩、工作、活动，还是你用的什么名字，你会发现其中只有部分具有唯物主义者宣传的那种“实用目的”，但我们希望并相信其他的游戏完全不具备实用性。像一个梦想家说过的，“过分优秀肯定有问题”，这将是我们接下来几章的准则。

好孩子不是天生的，而是后天塑造的。我们说的坏不是病，只是症状。一个好医生不会旨在祛除病症，而是治疗疾病的根。关于症状的试验、抑制或是消除，都表明缺乏理解、智慧和真诚。管理孩子就像森林学一样，治疗弯曲的最好方法是预防，玩是淘气的最简单预防，也是纪律的最重要支柱。因为无事可做比任何事都更能导致烦躁、牢骚、抱怨和反抗。

对妈妈来说，带孩子玩，给孩子合适的玩具，就像给他吃饭穿衣一样，是必要责任。如果孩子闹人，你又确定不是胃病或衣服不舒服，那就可能是没有事做，或者玩具太少或太多，人、注意力或陪伴太少或太多。可以不费多少钱和精力，就能给孩子提供乐趣的时候却没有，是一种遗憾。孩子警觉、急切，想知道，想做点什么，他的天性要求忙碌，没有发泄口的时候，他就自己发明，结果却被我们称为邪恶或坏。有人给幼童一些玩具后，他不但变“乖”了，还比一个训练有素的幼儿园老师更有效地指导了自己。

今天早上，我拜访一个朋友，发现那个三岁的家伙正在抱铁铲。他妈妈说：“自从本尼有了那个火铲，可以到处挖，他一天到晚都是乖孩子。”

“他弟弟怎么样？”我问。

“哦，只要给他一个随便什么小盒子或线轴，他就什么也不要了。”她回答说。

我教室的角落里，一个四岁的小女孩玩过家家。她擦自己的小黑板，烤沙蛋糕，照顾自己的洋娃娃，一点也不麻烦老师或同学。这里我要岔开点，在一般人眼中，伊丽莎白是“遗忘世界，被世界遗忘”。我很少看见她看我或同学，但她一回到楼下的“家”，就开始指导她的娃娃家庭，或学着林奇小姐的方法照顾弟弟。她的“坐好！”“肩放平！”“放下铅笔！”就是初级标准，这些像史诗一样的句子，她准确无误地说了出来，就像八岁的孩子。我之前说过，不要因为四岁的孩子很忙，就以为她没有注意别人，其实她一直在注意别人。

一个小男孩常在我办公室玩，我写作的时候我们就当不会说话，这个游戏进行得非常好，最后常常是我打破沉默。一天，他用拉菲亚草做了很多野兽，并把它们关在椅子下面，我问：“它们在自娱自乐吗，希普利？”

“不是的，”他纠正我，“它们在互相娱乐。”

有一个麻烦的坏孩子行为，是因为孩子不明白有生命和无生命的区别。孩子会把一只苍蝇撕成碎片，就像撕碎一朵花。三岁前，给他能随意撕碎的玩具。渐渐地，在幼儿园时期，你才能教他可以研究什么，不要干扰什么。

沙几乎是最自然的玩具。对任何年龄的孩子来说，沙桩或沙盘都是玩和学习的好东西。沙可以作为建筑材料，可以洗、种东西、做饭，没什么昂贵的设备，可以有效进行测量、建造、构型等的教学。想想阿基米德，罗马士兵洗劫城市的时候，发现他正平静地在沙上画圆，他愤怒地大叫：“不要破坏我的圆！”把婴儿放到沙子里，他会高兴地挖、堆、倒沙子。几个月后，他会用你的旧面筛磨干沙，用铁勺或贝壳装满他的小桶，再用管子装到瓶子里，倒空瓶子，再装。对一个五岁的孩子，有少量沙子，他就可以做模型、建筑和面包粉。一年左右后，他就会用辣椒在上面画画。如果你没有纯白色的海岸沙滩，别的沙子也行。

鼓励孩子玩自己做的玩具，这样他们会有创造性、自力更生、头脑敏捷。用树枝做“木”房子，可以教会他们设计更好的建筑，在开始动手前，脑子里已经有构图。家造玩具可以满足各种需求，现代复杂玩具会阻碍想象力，因为它们没有想象空间，只能教会孩子破坏，而不是建设。

孩子会用各种东西让自己忙碌，转动咖啡机的把手，摇拨浪鼓，拉抽屉，玩水。就算只是把一根棍子放在另一根上面，他也能玩得很开心。可以撕“沙沙”响的纸，扔着玩的球，带线的球，能开关的盒子、包或别的东西，一小把放在盒子里的纽扣或干豆，甚至一朵花、一片叶、一根棍，都可以长久吸引孩子的注意力。最好的是土豆。

孩子最开始尝试建造是把多米诺骨牌或积木在地上摆成一排，再然后是把它们堆起来。一小桶水、一个漏斗、一两个瓶子或杯子就可以让一个两岁的孩子玩很久，而且水很少会洒出来。

很少有什么玩具，比一打老式衣夹玩法更多。孩子把它们穿起来，再分开，堆成房子，这样渐渐学会建房子、谷仓、凉亭、绿廊、篱笆。

孩子最亲的玩具是“带洞的”。可能是纸、纸板、一片雪茄盒，但上面的洞才是一切。他插进一根手指，试着从另一边把手拿出来。如果他玩烦了，从你针线包里给他一块鲜艳的碎布、一把带钥匙的锁或一面结实的小镜子可以把光线反射到暗处。

一个空鞋盒也可以有多种用途。穿上线后，就可以当作娃娃车、农用拖车、有轨电车或倾倒车，在房间里到处拉。货车、轿车和火车也可以用空线轴盒，用大头针把木扣子做成的轮子固定上去。还可以给这样的车配一个结实的四足动物。这个动物的身体可以用土豆做，再用火柴做腿和耳朵，火柴头或辣椒籽做眼睛，再刻上一个微笑的嘴巴。

一个小男孩多么喜欢一块老表，或者带轮子的东西啊！他喜欢小的花园工具，把扫把当马骑。小女孩喜欢小的扫把和掸子，过家家的旧盘子，“化装”用的旧衣服。给一盆水，在上面漂碎片、木棍、胡桃壳，在这些东西上装载适量的货物或乘客，就可以让孩子玩起来。

在厨房时，一小块面团、一个纸面包板、一个玩具擀面杖，就可以让孩子开心地忙着做饼干、蛋糕和馅饼。哪个孩子不喜欢大头钉？给孩子一些木瓦比积木好，让孩子把钉插进去再拔出来。教孩子玩捉迷藏、骑棍，说或唱“骑一匹灰马”。教他用鞋带穿鞋扣或幼儿园的珠子，给妈妈做成链子。

孩子最喜欢的游戏是模仿父母的工作，他每天看到父母做的事情，不可估量地吸引和指导着他。看到什么事做好了，他就会好奇，想知道自己能不能做好，就本能地开始做。如果做成了就会很高兴。模仿是教育最重要的单一因素，这很容易理解。观看做某件事时，孩子已经在脑子里做了一遍，当他开始动手时，他学得很快，一遍遍看别人做，就像他天生就会一样。这也可以解释，为什么世界上最好的工人都在那些手艺父辈相传的国家。孩子游戏的大部分都是模仿，我们应该早点开始引进工作，把游戏往有益有用的方向引导，既能增强游戏的趣味，又能让不懂责任的孩子对自己在天地间的位置有个严肃的概念。

孩子不能玩得过多，如果一定要玩到累才罢休，那这是一个淘气的孩子。即使两岁的孩子每天也应该“帮助妈妈”，不管这得花费多少时间精力。毕竟，让孩子对你在做的事感兴趣，并为此忙碌，总比四处奔波，徒劳地要控制一个懒孩子变坏省时省力得多。而且，因为上午一直在“工作”，下午见到久违的玩具时，他可以玩得更开心。

让孩子留在你身边，让他给你打下手，没什么事比这对他更好。

两岁的孩子每天可以帮妈妈做这些事：铺床，拍枕头，把枕头拿到椅子上通风，拉平床单，卷起毯子，用干拖把拖地，捡起玩具，把鞋子从浴室拿到鞋柜等。妈妈做饭时他可以坐在附近的凳子上，观看妈妈的动作，妈妈允许的时候搅拌混合食材。她扫地时让他把灰扫进簸箕，拿去倒进垃圾桶，让他把自己的杯子和麦片拿到桌子上，爸爸照看火炉时，和他一起下地窖。

三岁的男孩除了上面的事情，还有别的事情：卷地毯，扫地后再铺好，拿来引火柴和小桶的煤，喂狗，帮忙喂鸡，给鸡喂水，用他的小扫把帮妈妈扫地。虽然他妈妈说，他不是一个好帮手，但他正在学习帮忙。但学习帮忙不是生活中最好的事之一吗？

孩子天生的玩伴是父母。过早或过快地扩大这个圈子都不好。三岁前，孩子最需要父母。幼儿园期间一直到七岁，他可以偶尔有玩伴。一次一个玩伴比几个好。

教孩子学会自娱自乐，这具有不可估量的价值，随时间流逝，你会看到这对孩子人生各方面的影响。安静对小孩子相当重要，否则的话，他们会兴奋、生气，过度疲倦，连睡眠都无法恢复。学会自己玩就是战胜自己，它让一个人只得面对自己。始终有人娱乐孩子，对孩子不公平。孩子高兴地玩泥沙或树棍石头时，比任何直接指导都能学得更多。忙碌的小脑袋在摸索知识，并不断成长。想要知道比知道更重要。

如果从婴儿就开始训练，让孩子独自玩不是很难。但如果婴儿时期过分关注，没人陪他时他就会不高兴。练习把他留在床中间，会爬时，就在地板铺上被子，留他在那儿踢、滚、爬。婴儿学步护栏，大概四平方英尺，他可以在里面安全打滚、玩玩具、学走路，是能使他安静的好东西。天气允许的话，把这个护栏设在户外。它的高度要适合孩子站立，底部垫上毯子，防止孩子捡食地上的树叶、树枝等。给护栏挂上蚊帐，四角用衣夹夹住，让孩子自己和玩具玩，只需保持关注即可。一个高度可以让孩子用脚点地晃起来的摇椅，可以短时间代替护栏，这样可以获得更多自由运动。给摇椅绑一些玩具。如果没有及早开始，那就需要时间、机智、耐性和坚毅，打破依赖他人给予娱乐的坏习惯。

我记得有个两岁的孩子，很不安宁，依赖别人娱乐，保姆五分钟也离不开。一个头脑冷静的保姆来接手，她就每天让孩子自己待在打开的门廊里，玩差不多一小时的玩具。几天后，他明白抗议无效，就不再闹了。

要坚定自己的决心，少给孩子帮忙，这可以帮你节省时间，减少发脾气。要让他有事可做，自娱自乐，而不是要一直有人随时响应他的号召，你要给他简单规律的做事课程，这样他就可以自己做下去。以和他玩几分钟开始，然后让他自己玩下去。

如果你不陪他就不玩，你就遇到困难了，这是你必须动用权威的时候。不要让你自己成为他懒和喜欢控制的天性的奴隶。像我告诉你的那样，告诉他怎样做某事，在确定他能做后，让他做。为他的顽固做好准备，你可能被迫惩罚他，但他必须明白，你告诉他做的事情就要做。惩罚一个不愿意像你告诉他那样去玩的孩子，可能看起来不合理，但他不明白琐碎的玩意和健康的游戏之间的区别，也不明白必需的和非必需的，你要替他思考。学会自己玩的小孩能学会自己工作。我们越进步，就越会独立工作，群体工作就是被迫工作的历史。每天找一段时间，开始时十五到二十分钟，把孩子和玩具放在有阳光的房间或走廊上，安全但是独自一人。对这种有益的隔离要坚决，不要让他在那段时间打扰你。如果开始时十分钟比较合适，试试这样，每天多加几分钟，直到他有一小时独处时间，娱乐自己。

两岁以上的孩子，可以独自做下面这些事：让他把一桶苹果，一个，或两个一起，放进另一个容器。三岁的孩子，可以要求他拣出有斑点或者有伤痕的。这只是一个建议，可能帮你想出可以让孩子忙碌一段时间的事情，既不过分困难也不过分无聊。这样你可以教他那句老的好童谣："动物们一个个进去了。"

下面是一个难些的课程：找些不同长度的棍子，展示或暗示怎样十字交叉摆放可以造木屋。这个奇特的房子将会是个惊喜，特别是他发现它的用处时，比如猪圈、鸡舍、娃娃屋、马厩等。但只要有他熟悉的东西，他就会有兴趣做。放一个动物进去，特别是有牙签腿、鞋扣眼的土豆动物，确保他拿不出来。

没理由地打断一个活动，换成另一个，对孩子没什么好处。如果孩子感兴趣，玩得正开心，没必要的话不要打断他，换成别的。注意规律的生理习惯，比如午休或午饭，这可以成为打断游戏的唯一理由。这个游戏包括一种潜意识的观察、造型、测量、手工训练等，这些都对小孩子有好处。

三岁以上，小孩子有时会需要玩伴，没有这样的给予和获得，不知道自己再陪别人，别人也在陪自己，孩子很难走出自己的壳。即使最有牺牲精神的妈妈，也不可能既是全职妈妈又是全职玩伴，而对她来说，加入这个给予和获得的必需课程，既不理想也不可行。最可能是她跟孩子一起太多了，这时候就需要一个玩伴来缓解。这种情况下，游戏保姆有时会成为独生子女的选择。不只因为她是纪律严明的老师，还因为她会给孩子留有余地，跟妈妈在一起这是不合适的。这样的自由也给了孩子淘气的机会，给了妈妈教育孩子的机会。一个从没淘气过的孩子，不可能变好，因为美德是在与邪恶抗拒的过程中培养出来的。

不要根据你的社交圈给孩子选择玩伴。任何干净友好的男孩或女孩都可以，只要没有道德或健康问题。把孩子带到你家，让他玩你孩子的玩具，在合适的时间，按规定的时间长度游戏。你要小心监视，但不要让他们发现。明显的干涉越少越好。

不要让他们一次玩太久，他们累了，就会惹麻烦。一开始出现不和，就把孩子分开，不管谁的错，因为很可能在判断时过分公正，其实，麻烦发生后，就很难说清谁对谁错了。另外，孩子们那一刻本能地知道，那是一次犯错的机会，他们会在心里嘲笑你这方面的性格。吵架的自然结果就是分开他们，会给孩子留下公正公平的印象。没有小孩因为太小而不能明白：如果他不能控制自己，就要受惩罚。如果一个孩子觉得玩就要选自己特别喜欢的那部分，他应该学会“轮流”。让他学会适应，调节自己，在大家中间找到自己的位置，给予和获得。

避免潜伏的道德危险。不要让孩子一起玩时远离监督，你要让他们在你的视野和听觉范围内，照看他们，不要被发现，同时不要让他们为自己的小恶作剧沾沾自喜。在邪恶靠近孩子前，把它消灭在摇篮里。我不是说，不要让他们面对小诱惑，不要让他们遇上邪恶和麻烦。我要说的是，如果他们要性格坚强，就要有合理充分的空间做这些，并为之负责。这不是说允许他们一起逃跑，或盲目信任小孩内心的善良，因为坏榜样对小孩更有吸引力。他长大后，理性的纪律已经可以阻止动物性的本能，并且他已经学会热爱正义和美，父母就可以放心地送他出去独自面对世界，坏榜样那时候就只能是一种妨碍物。

尽可能多地让孩子在户外，训练他们使用肌肉和四肢。孩子不能老躲着生活中艰难的一面，而应该知道一些困难，特别是在户外游戏中。至少七岁前，小女孩需要和男孩一样的体能训练和活动。给孩子们穿不管是爬树还是翻跟头，都不需要特别照看的衣服。

一家之主应该在避免可避免的危险情况下，想出简单的计划，帮助孩子们保持活跃、强健、灵活、自我依赖。他应该教他们保护自己的生命。下面这些简单设备，他可以不费什么就能做成：一根悬挂的绳子，在下端打个结，孩子可以抓住结荡起来；一个“推车”，就是一根结实的晾衣绳，孩子跳起来可以抓住，前后摇晃，这种美好的感觉，就像飞一样；一个横放的长棒，孩子跳起来能够到，还可以用手扒在上面走；一个可以做“引体向上”的棍；一个安全放置的横梯，五岁以上的孩子可以用手“走”。所有这些锻炼都很好。不只让孩子一开始喜欢，还要让他愿意持续这样的安全锻炼。

稍高于地面一点，横放一块窄的厚木板，让孩子练习走稳。一个横梁，八到十英寸高，也可以起同样作用。如果你能找到三英寸厚、十二到十五英尺长的圆柱材料，可以置于离地六英寸处，最好是沙地。让孩子从一头走到另一头，锻炼平衡力，还可以让他们在上面跑。给两个男孩的包里都装上破布，让他们走向对方，用破布包把对方击下圆柱。这是个好运动，孩子很喜欢，只要没有恶作剧，也不会造成伤害。这个圆柱也可以竖着放，紧紧地埋进土里，上端绑在粗壮的树枝上，让男孩们去爬。孩子喜欢各种滑，最简单就是一块光滑的蜡纸板，可以在上面滑。没什么比带木座位的荡绳更有趣了，对孩子来说，这不是麻绳，而是翅膀，可以带他们离开地面。

航行在夕阳之上，

在所有西方的星星之上。

如果可以，给孩子留间游戏房，特别是冬天。这可以让你大松一口气，也可以给他们犯错、承担后果的机会，教会他们许多只有经历了才能学会的事情。这个房间应该光线充足、照明好，不要很热，通风好，没有不必要的家具占用空间。只要有一张桌子，椅子，放书和玩具的架子，积木盒，这里的家具要简单结实，底部要宽，以防倾斜。地板不要光着也不要铺过厚的油毯，不要铺地毯。窗子要装好铁条，防止孩子掉出去。如果是汽灯或油灯，要高到孩子够不到。门上要有小窗或小洞，可以往里看而不让孩子发觉。在这样的房间里，他们会很安全。墙上的图画应该是平面彩色的狗、猫、儿童等，而不是对孩子无意义的名画。鹅妈妈图画就很让人愉悦。选择大的而不是小的图画，挂在孩子能看到的地方。至于窗帘、盒套等，选有鹅妈妈故事的大花布，你可以写样本给大的百货公司订制。复活节时用绉纸装饰房间等。

不管在哪里玩，都要让他们收拾好自己的玩具。尽早让他们觉得要为自己的东西负责，永远不要让他们以为会有人代为收拾。他们会变得有用，或者会觉得也要为兄弟的东西负责。

当那个小女孩玩过家家时，她的耐心常常快被小弟弟磨光了，他想帮忙，但他还不稳的小腿总是绊倒了炉子、餐桌甚至姐姐。让婴儿明白不要打乱姐姐的东西很难，如果不成的话也别失望。告诉姐姐，婴儿也是姐姐的宝贝，她不应该介意这点有趣的事故。让她看见，你的植物被她扰乱的时候，你是多么有耐心。如果婴儿拉掉了她的桌布，告诉她小饰巾比桌布更好，而且可以用纸做。大树叶也可以做饰巾或盘子。

或者姐姐要为婴儿专门布置一个桌子，这样两个孩子都会觉得游戏有趣，或者她为你准备一个，你留给婴儿。如果她的玩具发生了事故，教会姐姐控制脾气。她必须明白婴儿比她更需要关注，然后她就会明白你为她做了什么，要给她展示照顾比自己小的孩子的认真，以及对每个人都要和善宽容。

一个四岁以上的小女孩，应该有一个自制的玩具房。如果你没有更好的想法，就给她一个带有水平分层的木盒，这样她就可以有楼上楼下，让她自己置办家具。只需认真帮点忙，她就可以用纸板制作家具。小盒子可以做橱柜和衣橱，可以放小衣架，挂娃娃的衣服。也可以做小窗子，贴墙纸，挂小画。不要给玩具房买家具，特别是昂贵的家具。不要买贵重东西，或能炫耀的东西，以免给孩子埋下骄傲的种子。

对于一个六岁的小女孩，一套娃娃餐具、一个厨房炉、锡制厨具等就是很好的玩具。不要一次给她很多这种东西，给她炉子后，让她知道什么是等待和希望，为了她想要的剩下的厨房用具。那是真实生活的滋味，还能增加得到的快乐。教会她没有某样东西的时候“经营”日子。比如得到一套瓷茶具后，要经营一段没有茶匙的日子。我这样做不是要逗弄孩子，只是不要在她想要的那会儿给她。我的穷朋友中，也没有哪个孩子，像我富朋友的孩子让我印象深刻，尽管她的有钱爸妈从不让她缺想要的东西，更很少说不给，但她却比其他孩子更绝望更不快乐。

不是所有女孩子都喜欢娃娃，但她们应该学着喜欢，这不是本能，是模仿。小女孩如果没有见过人们爱和轻抚婴儿，她也不会爱和轻抚婴儿。如果没见过有人摇晃摇篮里的婴儿，她也不会把娃娃放进可爱的摇篮里摇晃。教孩子给娃娃穿衣服，可能很粗糙，但永远不要希望看到孩子做出美好的工作。零星的碎布、丝绸，披肩或暖手筒的一块皮毛，都是雨天的好玩具。如果她有了一个大娃娃，下次给个小的。自制娃娃总是最受欢迎。一个打结的印花手帕或在衣夹上系一块鲜艳的布，都可以做成娃娃，越简单越好。

如果条件允许，一定给孩子一个宠物，不管是猫、狗，还是牛、鸟。他应该在必要的指导和帮助下喂它。或者你还能回想起，第一次拿瓶喂一只可爱的小牛香甜温暖的牛奶的乐趣。如果你能找到一个可以和孩子一起成长的好脾气宠物，则可以培养和锻炼孩子性格中脆弱的一面。笼子里的宠物是否有这种作用，我不敢说，它有很多利弊。什么情况下都不能允许孩子忽略宠物。让他明白他的责任，因为它是属于他的。这种感觉很快就会变成习惯，延伸到其他事情，变成他的一部分，如果他没做到的话，就会不满意不开心。

妈妈们有时说："如果我知道一块黑板能帮助孩子变乖，让他们高兴，我早就买一块了。"买一块三四英尺宽、一到三码长的石板，可以参考你墙上的空间，把它粘在方便的墙上，厨房、育儿室、游戏室都行，高度要适合孩子。你就配备了一块好用、不贵、经久的写画板。买一些无尘粉笔和无尘黑板擦。你也可以备一些彩色蜡笔，特殊场合使用。找一块板条，二到二点五英尺长，做成尺子，用码尺也行。做一副指南针，一根线的一端吊一个环，用来放粉笔，另一端是固定圆心的钉子，这就是全套装备了。黑板比纸笔对孩子更好。他们可以任意挥动手臂大幅度写或画，也不用担心大脑过度劳累，或伤眼睛。另外，大幅度自由地伸展胳膊，还可以刺激大脑成长，因为大脑要随着手动。

塑性蜡可以在家自做，不需要很多花费。准备一杯面粉，一杯盐，一勺明矾粉，漂白粉液，调成适宜塑形的浓度。孩子可以用这做小白鼠、老鼠、奶酪和陷阱。用湿布包起来，放在阴凉地方，可以存放很长时间，每次用的时候加点儿水。橡皮泥也可以塑形。下面是给孩子的全面指导：看看狗，做一个像它的蜡像。数数它的腿，用牙签做一样多的腿。

我不赞成幼儿园缝卡片，因为会造成眼睛疲劳。孩子越小，肌肉痉挛对眼睛的伤害越大。这样的工作不值得冒险。

女孩应该有一个玩具房，男孩应该有一个放自己宝贝的盒子或抽屉，男孩女孩都应该有一面墙，挂他们喜欢的画，而不是大人喜欢的。

三到七岁是充满虚幻的年龄。这是事物都有生命的时期，孩子会喜欢有生命或任何可以假装有生命的东西，或看起来像有生命的东西。飞起的风筝、旋转的陀螺、滚动的铁环，都是每天的精神食粮。一个小男孩会用手捂住自己的眼睛，说："现在你看不到我。"他黄昏时顺着花园小径跑过去，满怀惊奇和敬畏，看到大大的圆月一直追随他，向他笑，好像在说："小男孩，你觉得你可以从我这里逃跑吗？"然后，惊喜于自己的发现，他掉转头朝妈妈跑去，扭头一瞥，发现月亮也转过来，朝妈妈跑去了。

只要在和小孩子打交道时，记住一些像这样的事情，明白对他们来说，世界是多么大、多么新、多么新奇。你是多么大，而他们是多么小，他们还有漫漫长路要走，最开始时最艰辛。这会让你对他们更温和、公平、友善、坚定和公正。如果你公平公正，就不要破坏他们虚幻的世界，但如果他们告诉你，有个精灵晚上在路上建了一座城堡，围着它看看，即使那在你看来就像一座蚁山。尽管你可能无法加入他们的游戏，你至少可以沉默，保持微笑，情况需要的时候，表示出严肃，不要总把他们的重大发现当作“什么也不是”。

厨房、柴间、阁楼，这些地方常能发现像上面的东西，因此是孩子们最好的工作室。如果你没有这样的房间，尽量设法满足他们。要有一个放积木和其他重的建筑材料的大木盒子，积木最好是大的而不是小的，普通砖块的尺寸和形状，盒子还要装得下长的东西，一个部件，直角的或者圆柱的木块，少量木板、木瓦、砖块。男孩一能掌握这些东西，就会喜欢它们，这件事来得会比你想得还快。其他的必备建材有坏家具、钉子、螺丝钉、锤子、大头钉、胶水、黏土、颜料、砂纸、方向盘（打字机上的装饰带或其他东西）、钢丝发夹、纸板盒、包扣、一盒大大小小的纽扣、线轴等。多米诺骨牌也有很多优势，比如做跳板、篱笆、谷仓、火车和货船。一个男孩可以给绳子、一卷电线、金属线网发明一百种用法。当然他还要有弓和箭，以及球和棒球拍。

孩子必须在家需要人照顾时，一点远见可以减少麻烦。边缘迟钝的剪刀，只需几分钱，零碎的墙纸，这就是安全组合了。孩子可以把明信片剪成各种古怪形状，再用来做拼图，最好是用大的杂志图，特别是彩色的那种。你和孩子可以自己做拼图，就不用再花钱买拼图了。把彩图贴在硬纸板上，再剪成不规则形状，孩子拼完后，把它们装进信封，改天再用。

让他们剪下报纸的白边，剪成五英寸长、同样宽度的条。把第一个条首尾用面糊粘起来，第二条穿过这个环，再首尾粘起来，这样继续下去。彩纸条，比如包装纸，可以和白的混合，或者彩色杂志封面，剪成三英寸长一英寸宽，可以做一个漂亮的链。剪出图片，把纸剪成孩子想剪的任何形状，这样的活动，对孩子很好，只要他还沉浸其中，就不应该随意打断。

四岁的孩子就会很乐意装饰厨房，如果他手边有剪刀、浆糊和图片。一个纸板盒，上面有洞可以做窗子，装饰得合适或不合适的墙，加上剪出的图片或设计，就可以满足孩子。让他用其他盒子做其他房间，比如浴室、卧室等。本段讲的工作至少够做一周。做好的房间可以一个个并排放，也可以一个个摞起来。要做马戏团的笼子，可以找一个任意形状和大小的木板盒，把纸条横贴在木板盒打开的端口上。

四到六岁的孩子喜欢储藏，他们从旧的邮购目录上剪插图，再贴在硬纸板上，补充自己的收藏。这样他们就可以有一个永久的物品来源，这个来源还可以不断补充。让他们剪票据，寻找包装纸、纸袋和线。

要做一个剪贴簿，把一些棉布或麻纱剪成同样大小的方形。如果你住在农场，让孩子在上面粘上典型农场的图片。第一页是房子等，包括孩子和父母，第二页是是谷仓、场院和家畜，再往后是厨房内部的家具和设备，卧室，浴室。这些可以扩展延伸，把目录上减下来的合适图片都粘上去。如果你不住农场，孩子就不会关心这些，但他可以做动物、花、树和孩子的剪贴簿。浆糊只需要面粉和冷水，滴几滴丁香水可以防止变质。

对还不能剪和贴的孩子，还有杂物袋。婴儿很喜欢彩色布条，让他自己给杂物分类。还有纸和笔，可以反射阳光的小镜子，制造彩虹的玻璃棱镜，摆成几何形状的湿线。

把棍子紧紧绑在线轴上，修尖线轴和棍子的顶端，这样它就可以旋转。给孩子做一个这样的陀螺。给他们示范怎样让它转，教他们转一个锡盘。

让小女孩教她的洋娃娃走路，告诉她怎样把一只脚放在另一只脚前面，就像对一个婴儿那样。她明白后，叫她让娃娃绕着地毯走两圈，不要让娃娃绊倒，也不要走得太快等。这可以以一种自然健康的方法，激发她的想象力。她厌烦了的时候，很可能会告诉你，是娃娃厌烦了。

拿一个有管子的蛋糕烤盘，放地板上，给孩子们水果罐上的橡胶圈，让他们站在一定距离外，把橡胶圈扔到管子上。

吹肥皂泡也是有趣、安全的游戏，特别是孩子坐在阳光下，让户外活动在家里进行，吹大大小小的肥皂泡，看它们飘远。不用买专门的肥皂泡设备，一个新瓦管就行。

给孩子扣子盒，让他坐在高椅子或其他安全地方，用大针穿纽扣，大的一串，小的一串，黑的一串，白的一串，大的白色串，小的黑色串，黑白交替串。识数后，让他把两孔扣穿一串，四孔扣穿 一串。

让孩子坐在桌子上，用铅笔给物品标记号。标出油墨缸、倒立的杯子、茶托、玻璃杯、盒子、孩子的手等，试想这些结果可以带来无穷乐趣。让他擦掉自己画出的痕迹。这段创造性活动，比口头指导更有价值，因为进行这样的活动时，孩子安静、专注，自娱自乐，自我教育。老师说得越少，学生学得越多。

不过，画小东西并不是最好的事情。要避免束缚手指的锻炼，因为这会束缚大脑。给孩子的玩具要尽量大、可用，一个餐盘比一个便士好。像之前说过的，黑板比纸好，但是有时候，受限于情况，桌子比黑板更有趣。

睡觉前，影子游戏非常好玩。据说绘画艺术就产生于影子。像狐狸和葡萄的故事，可以很容易地画在墙上，如果你不知道怎么画，找一些老式的朋友教你。

你见过男孩们比赛谁能把帽子扔在其他男孩头上或木桩上吗？男孩们喜欢扔东西。竖起一块木板，上面刻一个六英寸的洞，让男孩子把球从洞里扔出去。这样的游戏强迫孩子学会用眼估测。

建筑游戏无穷无尽。纸盒、燕麦盒等都可以做材料。先在地板中间做一个类似自己房子楼级的盒子，以这个为开头。让孩子指定前门，后门，东，西。其他的盒子可以做谷仓、柴棚、鸡舍、狗舍等。不要引进孩子没见过的建筑或特征，而是让他简单表达自己脑子里已经有的东西，这样可以让一直模糊的东西变清晰，突出多多少少有些朦胧的印象。

看你能让孩子如何心灵手巧，常让他们计划和制作，适应和接受，得不到想要东西时自做替代品。一位妈妈做篱笆和电线杆时用了玉米棒。内部装饰总是需要特别关注。举例说，在多米诺骨牌上盖彩色的法兰绒，能做一个多么好的沙发啊。

让孩子用木柴和树棍做一个实质的玩具房。这个房子里，可能有水管，由报纸卷着长圆柱做成，从头到尾大约一英寸长，系上线或卷进纸头防止它散开。这些管道可以连在一起，需要多少用多少，大圆柱可以做废水管。如果你地板有空，把房子放在一个角落，看它一天天盖起来，也可以游戏结束后，让孩子收起来，放在指定的地方，到再用的时候拿出来。

这个建筑可以无限持续，幻想着改建可以让孩子着迷。它有无尽的可能，引领大脑随手的规律工作而扩展，可以培养和测试孩子的建设能力和智慧。你也可以通过地板上这个粗略的地图，给孩子一个初始的地理概念。这样做但不要说。不要因为说教和教育，让游戏成为负担。

你问："我该怎样培养孩子的独创性和首创精神？"上天已经给每个头脑健康的孩子都赋予了这些特点。你见过愚蠢的六岁孩子吗？只有成人才愚蠢，因为很多事情变得愚蠢，通常是因为想要把他们变聪明的误导。你所需要考虑的是，怎样才不会因为训练不足或过度训练，扼杀孩子的独创性和首创精神。你可以用正确的游戏培养他们，不要过分监视他们的游戏。

教孩子学会用手边的东西娱乐自己，他们可以用手边的东西做玩具，而不用花钱。不要让孩子老是说“我要，我要”。让孩子从自制玩具中获得乐趣，而不是形成他想要的东西都可以买的观念。这种课程可能会影响他的整个未来，帮助形成建设和破坏的分界线。

不能激起自发性且组织好的游戏，不算玩。那种科学计划，每个动作都有目的的游戏，孩子玩多了就会变得无趣和没有想象力，就像发明这种游戏的人一样。这就是为什么，我反对广为宣传的“在学校里教孩子怎么玩”。

孩子应该在游戏中忘记自己。他们要安排航行，挖水道，建造建筑，而如果一个成人加入这种游戏，那建筑就会很快倒塌。很少成人——事实上，非常少——可以回到幻想时代，我们大部分都带着实际的氛围，这会破坏真正的游戏。监护人忙于其他事情时，就让孩子自己玩。那样他们才能学！一个茶壶很有用，即使桌上只有冷水，但是想象力会帮忙。

越少干涉游戏越好，让孩子自己去玩，游戏的真正冲动来自内在。不要总是试图告诉他们一个更好的方式，而是给他们留下自己的空间，不要以帮忙的名义打扰。让他们自己解决困难，克服阻碍的快乐，是所有游戏的必要特征。

不要被误导，认为复述对孩子来说会单调，你只能用自己的眼睛和感官，告诉自己，幸运的是，小孩喜欢这样的学习过程，日复一日地喜欢同样的玩具和游戏。

教孩子一件你自己还没做过的事之前，自己做一次，这样你才能预料到所需的努力，也准备好解释和示范。

如果这些计划和设备，都没有让孩子安全、安静和开心有价值，它们更值得。但实际上，这些计划提供了一种不可或缺的指导：它们训练了触觉。

想想，你对他的游戏那种同情的兴趣，会让你和孩子更近，它会让他在更重要的事情上，向你寻求帮助、建议和指导。这棵脆弱的小树，要探索比它更强壮更结实的东西，去依靠去稳定。再想想，许多孩子疏远了家，就是因为必须向陌生人寻求这样的帮助、建议和指导！

第九章
工作

“他开始的每一项工作，都尽心尽力去做，并取得了成功。”

1850年之前，我们国家还没有人认为有必要在教育类的书中阐明工作的必要性。父母在教堂学到人生来就是劳动的，工作时的日光就是弥撒，在家读到人应该吃自己眉间汗水浇灌出的面包，而他们却虔诚地几乎无意识地感谢这些听起来像诅咒的祷告。他们研究瓦茨，因为瓦茨可以把最好的宗教、道德和实用哲学融合进一根画笔，像书上说的：“无所事事的时间，过得沉重缓慢，随身拖着肮脏之物，只有充实的工作才能克服这个敌人，拯救人类的未来。”百年来，“可怜的理查德”教会他们：“自己耕作的人才会繁荣，一定要抓住犁和耙。”以及如果想在田地里找到财宝，就要挖得深，但是注意不要超过犁挖的深度。他们阅读历史和传记，以获取乐趣和益处，在每一页上找到与他们的经验和观察惊人的相似性，就是个人成就下隐藏着个人奋斗史。

现在，随着快速的进步，这些永不衰落的道德指导和智慧激励的遗产没落了。人们漠视公共信仰，书桌上星期日报纸取代了《圣经》的位置，只有那些想用死人思想提高自己产量的人才读瓦茨，历史、传记和哲学也都被“养成一个父亲”和“电影”取代。那么，父母面对什么对孩子好的难题时，依赖什么呢？没人能够自足。如果脑子里没有方向，他们自然会转向现存的教条寻找权宜之计，也就是现在流行的以游戏代替工作，以动物天性取代责任感。父母和老师都被这样的话骗住了：“完美是一种老式错觉。”“教育就像吃药，不应该附带痛苦。”“不要让孩子干看不见实用目的的活。”保险起见，明星讲课者还会说这样引人注意的话：“教育就是自由。任何与此相违的压力都要废除。灵魂不能束缚。是不是对孩子好，要看孩子是不是觉得有趣。再也别提什么让孩子干活。应该取消农场活、家务活等等。”这自然让孩子们觉得可以玩到老，教育应以吸引为主，觉得社会欠他们生活，最好有一台自动启动的机器可以做到，觉得没有人应该被迫努力去做不感兴趣的事情，觉得十诫应该浓缩成一句话：“我们应该忧虑。”

我们现在从实践中知道，从宗教和历史中可以更容易地知道，人如果一味追随天性，就会退化成野兽。我们试图取代家庭、学校和社会上的工作，自然导致罗马帝国没落以来，国家的快速衰落，除非是赤道丛林里的国家。人们都疯了。我们的国家到处都在起义，人群躁动不安。到处都有罢工、离婚、私刑、收入低下、交通阻塞、互不信任、公开或暗暗违法、打着爱国主义名义的非法游行、难以描述的奢侈。公众的是非判断，已经被邪恶的异教徒扭曲了，这些人以美丽的东西不会有害为借口，就用优美的言辞粉饰罪恶。那些胆敢从舞台或屏幕上某些情况看出邪恶的人，都会被讥笑为自己想象力邪恶。人们智力如此低下，像陆军部的测验表明的，三百万人中有一半人，在年轻时只有孩子的智力水平，而且在离开语法学校前，智力水平已不再提高。

如果人们不能明白，要想获得生存、自由、安全、荣誉、家庭和教育，就要老老实实工作，如果人们不能按这个准则行动，这个国家再也成不了适宜居住的好地方。人们应该工作，但在被半饥不饱唤醒理智之前，懒散的成人也不愿意这样做。看到了确定的困难，他们又会觉得工作是负担和折磨，这都是因为小时候没有受到过持续工作的训练。如果不是受义务驱动或早期的良好训练，没有人会工作。只有责任没有目标的工作，是卑微下贱的苦差事，但是做我们适合，且自小准备好的工作，就是人类幸福的最简单选择。工作时充分运用大脑和体力，战胜困难，比任何自己选择的游戏带来的快乐都大。

除非这个星球上有一个民族与其他民族都不同，否则儿童劳动力总会有牺牲。但是过度工作虽然带来悲惨和破坏，但其不管在程度上还是数量上，都远比不过幼时懒散的恶果。能因为有人撑死，我们就要规定不吃饭了吗？任何事情过度都会变坏，不管是工作、游戏、食物、勇气还是爱国心。

要保证身心健康，就要有合适的身心锻炼。如果神经系统持续使用，就会疲累，特别是孩子，即使只为了休息神经，也要让孩子做些身体运动。任何正规的体育运动对健康的价值，都比不上家务的自然锻炼，照顾动植物、培土等常规工作，特别是能让孩子亲近大自然的那种。对地球磁场绝缘的基尼猪都得了佝偻病，这个著名的试验也可看出亲近大自然的必要性。

遗留给孩子土地和钱，并不能让孩子真正生活独立，而做手边事的能力和愿望却可以，并且这种能力是免费的，即使收入最低的家庭都可以培养。根据健全的犹太法则，出身高贵或低贱的孩子都要学习贸易。因此，基督是位木匠，保罗虽然精通希腊文学和哲学，却成了帐篷工，并以这份工作支撑自己。可以让孩子练习做家庭、花园、谷仓和田地的日常工作，这是所有贸易和专业，以及养家糊口最实用的基础。而养家糊口，是不确定的生活中，孩子和贫穷之间的选择。

即使除了老年保障外，这样做再没有什么价值了，但这些麻烦也是值得的，而且也不是什么大负担。数据统计表明，到六十五岁，大部分人都注定了最后失败，要靠别人养活了，但是对那些一直积极努力的人，有多少读者听说过他们最后失败了？困难时候，仅对书本知识有一知半解不能解决什么问题。但个人不幸耀武扬威时，丰富的常识却可以发挥巨大作用。

即使你的境况让你不需要孩子的帮助，但在道德上，他们依然要帮助你。我们天上的父不需要我们为他工作，但他给我们安排了工作，并且要求我们为家人负责。在极端贫困的家庭里，孩子不需要训练就知道奋斗的意义和苦难的折磨。这就是为什么最近一位贫贱出身的人说：“饥渴是通往天堂的路。”富有的父母应该让孩子习惯只有必需品的生活，强迫他们节俭、简单和勤奋，否则孩子就注定会身心软弱。

工作的习惯不只是打开物质生活之门的钥匙，赚钱只是生活中最低级的成功。凡是具有长久价值的东西，都买不到。道德需要责任感就像现实生活需要重力一样。不管这个人实际怎样，训练良好的大脑，能很好平衡的性格，都与工作息息相关。这意味着他有决心、毅力，坚持锻炼，随时准备接受未尝试过的任务。那些没能在把孩子从自己翅膀下送去学校前，通过工作这样简单、有影响力的习惯，给孩子塑造性格的父母，是没有尽到自己责任的。十八世纪后，犹太亲王犹大•拉比的话仍然受人追捧：“不教子孙做生意的人，就是在教他们做贼。”因为畏惧艰苦工作而犯罪的年轻人，比因为贫穷、低收入和无知加起来还多，对于身体健康的人来说，对艰苦工作的畏惧主要因为缺少工作的习惯。孩子并不是天生游手好闲，他们能意识到学习和工作的益处甚至乐趣。在可塑之年训练他们工作，让他们终身工作，不管是什么，成为他们主要的乐趣来源，是教育的责任。

教育就是为工作准备和训练。如果孩子要准备面对艰难生活，他们必须接受认真持续的磨炼，而不是一时的冲动或反复无常。教他们怎样工作还不够，因为这相对简单。重要的是持续工作，直到工作成为习惯。任何允许他们逃避不喜欢的事情的人，或让他们随意做好玩的事情的人，实际上都在给一个天性聪明的孩子的健康发展制造阻碍。

许多妈妈由着孩子，自己做所有事，因为这比总跟在孩子后面要求他们做事容易些，或者她们想让他们比他们的父母“过得轻松”。所以保罗没添煤就上床睡觉了，妈妈没有叫保罗起来添，而是自己添了。这样的妈妈就是在给孩子的成长设置障碍，而这种障碍比自然障碍更难克服。这不是爱，因为真爱会训练孩子，不会让坏习惯阻碍他前进。像一个明智的妈妈说的：“我爱我的孩子们，不管他们做了什么，就算犯罪，我也一样爱他们。但训练他们，至少让别人能够忍受他们，是我的责任。”

美国孩子要学习的一件事，是照顾自己的事，完成指定的任务，不要和其他事情搅合在一起。稀世珍宝是指这样的十四岁男孩或女孩，面对一份工作，他或她能够“挥汗如雨”，直到完成。有几个成人能为了解决一个明确的问题，几小时地勤勉工作？对他们来说，保持两小时不闲逛不落后地工作都不可能，因为他们没学过怎么做到。少数人，很少数，能连续打坐十分钟，不走神不乱想。证据已经显示，美国人在倒退，外国人看见他们什么事都不能坚持，不服从纪律，聪明地假装在工作，擅长猜测，无意识地习惯性就成就和工作自欺。如果你能让一个六岁的孩子持续十五分钟做一项工作，每天坚持，第二年就可以把时间延长到三十分钟。这样，十四岁的孩子就能不拖拉地就制定工作连续工作两小时。他也同时具备了一项成功的首要条件，即勤奋的习惯，这比大学文凭还能说明教育程度。

欧洲学生超过美国学生两年，这件事的原因很多，西德尼·费舍尔在《美国教育》中说："欧洲孩子要努力工作，懒散是没人同情的。这种严格看起来没有损害健康，但在美国，人们却总以为对健康不利。不管老人还是年轻人，都要工作，正常的身体完全可以承受很大压力，或者在某些人看来是很大的压力。如果不是这样，文明绝不会进化到今天的地步。在正常良好条件下，疲劳是一服良药，有益处甚至乐趣，对身心成长和发展都大有好处。"

规律的工作，结合感官训练，即使不是智力迟缓的唯一解药，也是最好最安全的方法。学习如何工作不需要高智商，而好的工作能力不仅能弥补智力限制，还能促进和发展智力。一起来看看哲学家和教育改革家福禄培尔的生平：他在学校时是差生，因此去给护林人做学徒，而他哥哥却上了大学，但在广阔古老的图林根森林里的工作，让他洞见了宇宙法则，让他明白人不是找个地方活着，而是应耐心、坚持，以强大的智力实现自己的目标。

明尼苏达州最近有个人离世了，这个人从九岁到十七岁，一直被邻居们认为是"傻子"，就是盖尔语"笨蛋""木头脑袋"的意思。他也确实是的。除了手指，他什么都不会数，也不能拼写或阅读。在老师的建议下，他离开了学校，在父亲的农场工作，在那里，根据适合的身体成长条件，他干了各种活。他长成了一个孔武有力的年轻人。

最有趣的是，他渐渐开始渴望知识，并相信自己能学会。十七岁时他还不会乘法表，但他学会了判断重量，还有其他的测量方式，百、千，最后百万，他在头脑里进行着痛苦的加减。

他父母发现，二十一岁时，他已经可以学习，他们又把他送回学校。那时候他学习书本，就像学习马和农场工作以及器械一样熟练了。他进了大学，成为一名优秀的教育家和讲师，为了帮助和他一样的人，他写了自传《施图德的傻子》，在自传中，他认为实践作为理论指导的相对面，价值非常高。

即使我们仅从微小的奖学金角度来看待教育，用常识就能知道，没有长期艰苦的准备，是拿不到奖学金的。事实性知识虽可以死记硬背，但敏捷地处理事实的能力却需要妈妈日复一日耐心和坚持让孩子做同样事情才能锻炼出来。这才是支撑教育的脊梁。它充实了学校教育或补足了学校教育的缺憾。经过日常工作训练的孩子，比那些对责任随随便便、在溺爱中长大的孩子智力发展更快更好。笔者又一次指导一群十岁以上的孩子，他们没受过学校基础教育，但由于父母明智或生活所迫，已经开始工作，并能正确对待责任。这些孩子毫无例外在几个月内学会了学校孩子通常几年才学会的东西。有人可能由此推断出，延迟书本指导，学生更获益。但这个结论不安全，如果孩子在家里或什么地方闲逛到十到十二岁，那即使是最好的老师，也教不会他们什么有价值的东西了。

上述案例的孩子中，真实的现象也能在生活中普遍看到：学习用自己双手工作，坚持不懈克服困难，享受成功愉悦的孩子，是为书本教育的成功准备得最好的。每掌握一种新手工，不管多简单，都是头脑精确度和双手灵巧度的提升。按照自然顺序，生理工作总在精神工作之前，因此在开发大脑前，应该先训练双手。实践能力有了基础训练后，书本学习就会非常容易，因为合适的脑力工作是外界强加或自我强加的，它们的表现取决于之前获得的意志力。这也是为什么目不识丁的父母能养育出圣人和智者的一个原因，因为这样的父母，在做他们知道对身心有益的事时，也无意之间做了对智力发展最好的事。高等奖学金奖励了他们的努力，但是对奖励的奖励是坚强的性格和智慧，这才是战胜困难的神圣力量，也是面对艰难任务取得成功的能力。

把工作当娱乐是一种误解，但尽管如此，工作时的心态决定了工作对工作者的价值。正确分量的工作，以正确的心态完成，有益且有教育意义。但过度工作，不合适的工作，没训练好的工作，都会让工作者心里感受到压抑和羞耻，是苦工，无益且无教育意义。孩子日常的家事责任是工作还是苦工，处于心态健康的父母的控制之中。如果父母认为早起、做乱七八糟的手工到很晚很悲惨，或者以羡慕的口吻谈论不用辛苦的人，以认识懒散的富人为骄傲，那你可以肯定，他们的孩子也会为每日必须工作大发牢骚、闷闷不乐、逃避。

指导良好的家庭多么不同。妈妈知道，每个孩子都有天赋，只有通过磨炼才能变成建设力。就像山谷中的百合花，只有把根冻在冰中，才能开出芬芳的花朵。她记得诗人的话："想得到知识，就要付出汗水。"因此她把感性放置一边，决心教育她的孩子面对一个由"你必须"而不是"我想"所统治的世界。

活动是孩子的天性，教会孩子体力活很自然也很容易。她就像一个聪明的工程师，不是试图制止山洪，而是在安全范围内，疏理利用它。她不整日唠叨着让孩子听话和安静，而是让他们忙得没有时间淘气。她用大鸟教小鸟飞行一样可爱、容易、自然的方法开始训练。观察大鸟是怎样托起小鸟的翅膀，检测它们的力气，让它们自己运用的。短暂的飞行，休息，再是短暂的飞行，再休息，鼓励飞行中喊叫，这样小翅膀一天天强壮起来。

工作习惯的培养基础，是愿意服从父母。让孩子每日训练，目的很明确，就是为了让他们能快速明智地应对要求和指导。这样的磨炼对于身心，就像定音对于大师的提琴。让小孩到你身边，静静站在你面前，看着你的眼睛，你给出简单明确的指导，比如：

把这本书放餐桌上。

去厨房，把簸箕拿给我。

拿抹布把这把椅子上的灰擦掉。

把抹布放回原来的地方。

布置任务时，要判断。不要布置不能做，或者没有充分指导的事情，如果孩子觉得自己是失败者，会降低他的勇气。看看他能做什么，教他怎么做，然后让他有规律、准时、准确地做。保证任务不会过长，而是简单短暂，孩子可以看到什么时候做完，在合理的时间内能完成。适合四到六岁孩子的这样的工作有：布置和清洁桌椅，只要能交托给他，运数量有限的燃料，喂鸡，帮你洗碗，铺床，扫地。每天都要做这样的工作，可以随着时间，增加工作量。尽管日常工作表需要遵守，在特别的工作季，孩子还要做特别的工作，就像大人一样，那就是生活。如果你没做自己的工作，合理地计划就会更困难，因为孩子在帮助父母的日常生活中，在辅助成人工作中学得最好。

不要允许孩子做超过自己力量的工作。这不是说他们要完全避免失败和失望，我们每个人需要成功，也需要失败。如果孩子想让水往上流，或在肩膀上绑翅膀，打算在小区里短时飞行，在后院里挖通往中国的洞，以及其他类似的对抗重力的活动，如果没有危险情况，别管他。让他通过折腾的经验，而不是言语，学到人类世界中有些事情是无法做到的。但如果他想帮助你，而耽误了给花园除草或把煤运到箱子里，或其他这样的工作，那阻止他。给四平方英尺的园地除草，或搬运十小桶煤，是六岁孩子的工作。给四十平方英尺的园地除草，搬运一百桶煤，是苦差事。他的工作仅限于能看到目标，并能从完成工作中得到乐趣。

选择工作时，不要咨询孩子，而是问自己："这值得孩子做吗？"你知道什么对他好，但是他不知道，所以给他布置工作，让他去做。他们感兴趣的时候，完全可以做出最好的工作，但是没有孩子在新奇过去后，还能对工作保持热情，自己选择的工作比权威安排的工作，还要令人讨厌。你的问题不是选择合乎孩子心意的工作，而是能够为他的未来做准备的工作。如果孩子有能力，你就不应因为困难而忽略工作，你要持续施压，迫使孩子规律地工作。只要你给他一个规律的时间表，要求他时时服从、有礼貌、懂尊重，给他不超过也不低于自身力量和理解力的工作，孩子会很快产生充分的兴趣。让每个孩子每天做定量定事，比如运木头、擦盘子、给鸡喂水等等。绝不要过度，美德过度也会变成邪恶。小孩子不能负担太大，更不能负担过度。上面的工作，再随着季节更替加上一些类似的工作，不会过度，而是有益。

计划好、有规律的一些工作，比无计划、不稳定的帮忙，比如跑腿，更有教育意义和纪律性。小孩子当然应该跑腿，但小心不要走到极端或滥用。为爸妈跑腿应该有限，但为其他人搬拿东西，就有点滥用权力了。如果父母没有允许，孩子不应该为任何人跑腿。个人来说，我很反感让孩子为邻居跑腿，并给钱作为报酬。不过如果是为生意跑腿，那另当别论。

计划充实的一天。想想孩子玩的时候，一天要跑多少步，你就会知道活动不会造成伤害，而是对他有益。只是这个活动的一部分，应该朝着清晰有用的发展方向。

让孩子在游戏前工作。一项三分钟的任务，从上午拖到下午，比早上首先要做的两小时的工作，还让孩子感到恐惧和折磨。

要学习的简单日常工作，首先是像擦椅子、扫走廊或花园小径，给植物浇水，把书摆上架等。他们要适应周围环境和家庭条件。演示怎么做，必要的话多解释几遍，然后让孩子学着你，让他做对。教孩子想要帮你，而不是你帮他。

三岁开始，每个孩子都应该有个花园，就算是一个西红柿罐或速生种子盒都行。他应该帮助家里人在园里忙活，感受到他的帮助对家人很重要。

让孩子帮助自己。教孩子做事情，当然比自己做更麻烦，这也是很多妈妈疏忽的真正原因。保证不要为他做他能为自己做的事情。如果他说："我不能。"让他知道他可以，除非是某件不适合他做的事。当他不得不承认自己能做某件难事时，看他的笑容，看他是否假装做不到。一个四岁的孩子，都能刷自己的靴子，虽然不会上油。每次要做的时候，就让他做，即使你不得不完成这个工作，但他会意识到这件事一定要做，也会渐渐学着做对。像把移动的东西放回原处这样的工作，适合小孩子，也有必要让孩子做。每次给他演示，直到他学会。

让孩子成为独立的工人，让他习惯没有帮助的工作，每天让他单独完成一项工作。为这个特别的目标安排课程，不需要新事物，只要扩大以前的课程就可以。你能让孩子独自勤奋工作越长时间越好，这意味着他正在学习怎么学习。如果他某项工作在这条线上取得进步，那就足够了，即使好像他在其他方面什么也没学。

好工作需要专注，但如果没有长期认真磨炼，不可能做到，更难出现在小孩子身上。对小孩来说，做事情没有尝试重要，努力才是最重要的。满意他们的努力的结果吧，想想他们的年龄、理解力和练习。

你应该只给你能监管的任务。如果你不能跟在孩子后面，看着他正确地完成，就不要让孩子做什么，你的监督才是最重要的。教他尊重别人的劳动，对诚实的努力表示出满意。

给一些孩子能做得和成人一样好的任务。对一个五岁的孩子，这样的任务有：把牛奶瓶放到指定的地方，把银餐具正确摆上餐桌，安放桌椅，放地毯，整理书架上的书，擦干银器和少数盘子，擦一张桌子或一把椅子，给清楚划出的一平方英尺左右的园地除草。

有的妈妈说："我让我儿子用小桶给我运煤，但是他做的时候很不情愿。"这样的情况，你必须打破这种拒绝权威的坏习惯，重新养成服从需要的好习惯。运燃料对一个健康的孩子来说很适合，如果他不健康，那这是一个很好的锻炼身体法。让这成为他日常工作的一部分，除了生病，怎么也不能免除。不要责备或唠叨，必要的时候可以强制执行，过段时间，工作的不可避免性就会让他印象深刻，他就会无意识地服从环境。这个习惯就会成为第二天性，更容易接受。

小孩子也能帮助消灭家蝇，以帮助家人保护健康，提升家庭舒适度。每个家庭成员都应该帮助树立好榜样。

一个六岁的女孩应该学习怎样合理地铺床，以及其他非常简单的家务。她应该是，也很可能是一个很忙碌的孩子。

七岁或以上的孩子，应该照顾小宝宝。每天留出半小时或一小时左右，让孩子做这件事。没完没了地照顾婴儿不适合孩子，因为看起来没有尽头，一定会被讨厌，但要求一个六岁的孩子和小弟弟玩半小时左右，是完全合适的，特别是每天你要做别的事情时。这是最有价值的幼儿园课程。

你缝纫或编织时，让七岁的孩子坐在身边，学习缝纽扣，织褶皱，用大针脚做简单的缝纫。让她给洋娃娃织一条毛巾，是非常适合的工作。一条两英寸宽的围巾，四到六英寸长最合适不过，这样就不用耽误很长时间才能完成。不要让她一次织很久，让她注意“一针又一针，再长的围巾也能织完”。给她收线，但除了平织法，其他什么也别教她。

不要让孩子一直缝幼儿园卡片或其他类似的工作，眼疲劳造成的伤害可能会盖过缝纫本来可能带来的好处。在布上缝纽扣，或用粗线和纱线以大针脚缝纫，大针更安全。对小孩来说，这些锻炼目的就是学习简单安全地使用针、顶针和剪刀，这个目标一旦有炫耀的危险，就要干涉。想想，她骄傲地展示一个十字绣作品时，品德会遭遇的危险。应该规定，即使纯手工的那部分也不是她的。

在花园工作时，让工作充满生趣。告诉孩子杂草、害虫和害鸟对庄稼造成的严重破坏，让孩子留下深刻印象。教会孩子马铃薯虫各阶段的发展状况，在孩子的帮助下，在它的老窝消灭它。做这些事情时，激发出对抗邪恶的精神是安全的：半小时内，谁能在旧西红柿罐里装最多马铃薯虫焚烧？或者让每个家庭成员都从一行开始，抓住那行的马铃薯虫，最后让妈妈来裁判结果。谁能拿来最仔细拔出的马铃薯幼叶，背面都有一个小疙瘩？

父母要对孩子的努力给予鼓励。他看着你毁灭他罐子里两只虫子的形式，满意地说："好啦！"你就看到了鼓励诚实努力的教育价值，尽管有些粗鲁。

做除草、捉虫、洗碗这样抢时间的工作可以产生乐趣。把闹钟带到花园里，定时半小时响一次，看到时候谁做得最多——打败时间。让孩子注意到除完草的园地，激起拥有邻里除草最好的花园的骄傲。

如果五岁以上的孩子还没有训练过帮忙，不要突然改变，但要耐心地教他一项简单的任务。不要在一周或一个月内同时进行几项新课程，而是只把一件事做到最好，然后让他规律、敏捷地做。在短暂但充裕的时间后，可能是一周或一个月，再增加其他任务。保持这种方法，同时继续以前的日常要求，但是标准更严格。

如果开头做得像我前面说得那样好，那下面这些任务适合一个五岁的孩子：把牛奶拿进来，擦楼梯或餐室椅子，打扫走廊，把你需要的蔬菜拿到厨房。

如果这些都不适合他，就换成适合现在条件的任务。只给能真正起帮助的必要工作，而不是异想天开的发明和无用的工作。安放桌子，使用扫把、抹布、洗碗巾，采花并把它们放在水里，整理房间，整理院子，给小鸡喂食和水，收鸡蛋，拔草——每个家里，都有无数的合适工作，适合任意年龄的孩子。严格遵守有序的项目，进行相关工作，要求立即服从，这样做一个月，你就会看到一个天性顽皮的孩子的惊人提升。

第十章

宗教教育

谁应该为道德扭曲负责？过去，宗教是教育的第一位，而不是现在的第二、第三，甚至没有。那时候这样的责任落在父母身上。然后科学家来了，他们让我们相信，如果一个孩子，天生有某种高度的眉毛、某种长度的鼻子，或某种形状的眼睛、耳朵、下颌，他就注定是律师。还好，致力于研究罪犯生理典型的专家们，二十年来一直在英格兰研究罪犯面部，现在已经放弃这种研究了，宣布说没有典型罪犯脸，类似的特征在诚实的人和坏人身上都有。

不时会有心理学家小心声称，天生的罪犯很稀少。让我们走得更远些，可以这样说，在身心正常的人中，根本没有天生罪犯这种事。我们听说过天生艺术家、天生诗人、天生教师，但仅靠天赋的那些人，有几个画出了一幅杰作、写出了一首好诗或教了一堂好课？没有准备阶段，谁都不会违法。将孩子淘气怪罪于某位祖先，是父母的责任。罪犯不是天生的，而是后天造成的，道德和行为都不能继承，对和错都要学习。

指导不善的家庭应该为道德下降和民族良心倒退负主要责任。耶鲁大学的迪恩·琼斯说："看到许多父母那么相信神圣的天意会养大他们的孩子，让人很震惊。我们正在遭遇道德危机，我认为靠教育也无法避免。"

如果琼斯说的教育，就是学校教育，那我们是避免不了这场危机。伟大的教育改革家福禄培尔提醒过我们：“所有没有宗教基础的教育都是徒劳。”我们的学校是无神的，全程教育指导的一个结果就是，我们有那么多的成人没有能力辨别是非。我们现在到了一个需要道德指导的时代，以前从没这样需要过，道德不是建立在一个模糊的、人工的法典上，而是建立在十诫和福音书的格言上。没有宗教教育，而想培养好孩子的父母，无疑是想建一座没有地基的大厦。“首先是寻找上帝的世界”是所有真正教育的目标，如果世界想避免黑暗时代的恐惧，就要回到以宗教信仰为基础的真哲学上。

除了信仰上帝，没什么还能帮助男孩和女孩们安全度过危险期，上帝会惩罚违反他的法则的人，也会奖励遵守的人。如果孩子不懂在永恒的痛苦和幸福中衡量他们的思想、言语和行为，他们就会成为没有自制力的人。

年轻的美国人不可否认地聪明，他们有所谓的先进学校教育，没有宗教指导思想，可以只把他们看作受过教育的动物。他们的大脑里只有两件事：挣钱和找乐子。

宗教原本是指看不见的神力加在人身上的义务或约束，让他们注意自己的行为，一个减缩成古老谚语的想法告诉我们，没有宗教的人，就像没有缰绳的马。即使今天，也是宗教让人遵守国家法案，不单是因为惧怕惩罚，还因为良心的约束。有名过分的伏尔泰，尽管是法律和宗教的破坏者，也承认宗教的作用：“没有宗教的社会，就是一群凶残的野兽。”

宗教是人生存的必需品，犹太人已经用事实让我们看到印象深刻的例子，他们虔诚地追随这个概念数千年。从在沙漠里旅居开始，他们有摩西的书，每天阅读，父亲把从书中学到的东西当作最珍贵的遗产留给后代，而孩子们则要学习上帝法则，并将它们写在树叶或沙子上。人们非常崇敬圣书的权威，他们严格遵守所有法则，也接受相应的惩罚。

表现出意志坚强和天赋，绝不是不敬或反宗教，其实正相反，没有证据表明意志薄弱的人更有敬意，伟大的诗人和画家常常在宗教里寻找灵感。从但丁、莎士比亚，甚至荷马和维吉尔的诗里解离出宗教元素后，剩下的仅是僵硬的框架。即使华兹华斯诗的最大魅力也藏于他认为大自然是永生上帝的华服的思想中。如果拉斐尔、米开朗琪罗、达·芬奇、乔托没有为上帝的荣耀画画或雕刻，剩下的是好手工，但手工却不再具有生动和深刻的灵魂，就像工匠做的一样。不可知论者不仅不能创造有天分的作品，也欣赏不了这样的作品。我们在艺术品里能看到什么，取决于我们投射给它什么。一个人看不出里面暗藏的宗教思考，那他也做不出这样的艺术。俗人能从米开朗琪罗的雕像“下跪的天使”中看出的东西，能超出艺术家自己丰富的解剖学知识和执行力？

孩子身心中天生的好素质还处于混沌中，崇敬——这些素质中最伟大的，必须要唤醒，温柔培养。这才是信仰脆弱的童年早期真正教育的全部内容。往后，尽管个人可能会意识到他在早期的忽视中否定了自己，尽管他可能会同意这个命题，但他很难再把看不见的东西当作真实。“没有指导，他会死去，在他巨大的愚蠢中，他会走向迷途。”另一方面，孩子容易信任的心，能抓住精神事实，也更容易接受信仰。“希望的实体，看不见的证据。”因此，信仰应该从小培养。这不会和推理相悖，而是高于推理，信仰没有限制，而且强烈，推理却受限，而且脆弱。因为上帝就要这样！这让我们很多方面都方便很多。

如果一个妈妈——上帝绝不允许——缺少信仰，她要么重拾信仰，要么把关于宗教的教育留给牧师或其他能胜任、靠谱的人。她必须残酷地拒绝任何相反的罪恶，以及带有最轻微愚弄的毁谤言论，“谁冒犯了相信我的这些小家伙，那最好给他脖子挂上一块磨石，然后在大海深处被淹死”。

让那些忽略早期的宗教教育的妈妈克服自己的障碍。这样，她们孩子的需要就会帮她们大忙。找一份教义问答，一本好的圣经史，一本《圣经》，订阅一份好的教会期刊，把自己置于你的灵魂导师的指导之下。为指导工作和祈祷，像莫妮卡为拯救她儿子工作和祈祷，定期去教堂，参加主日学校，学习怎样让课程适应你的家庭教育，你就会取得成功。

三到七岁，你的孩子要有这些必需品：相信上帝的存在，上帝是每个人的，他创造了世界，是我们在天国的父，他会用他教给人类的爱的法则审判所有人，上帝原谅忏悔的灵魂，我们的灵魂是不灭的，像对慈爱的父亲一样向上帝祈祷是我们的责任，如果我们表现出奉献和信仰，我们就可以希望上帝带我们远离罪恶。教这些信条要好多年，学会它们则需要一辈子。教孩子这些上帝的祷文，黄金法则，第二十三章诗篇《耶和华是我牧者》。做到这些，你就为你自己教堂的特殊准则的指导打下了基础。

意识到自己度过了一个有用、敬畏上帝的人生，是真正的成功，它也不会让你的孩子失败，只要你早期开始培养他谦虚，让他知道我们的限制，让他愿意学习，首先遵守纪律然后严于律己的习惯。上帝让树自然生长，也让我们自然成长，只是我们比树活得精彩得多。因为我们有会继续存活在另一个世界的灵魂，我们有分辨是非的良心。教养你的孩子，让他们不至漠视“别动，小声”。但如果没有直接的指导，他们无法知道良心，不能辨别是非，也不能大幅度提升理解力。不要强迫或过分指导这些，而是自然地等待合适时机。好机会出现的时候，你的孩子好像能接受一个深刻持久的印象，告诉他上帝是怎样关爱他的孩子的。这样的教育，从妈妈那里听来，比主日学校差不多的表达要更有效果。让你的行为给孩子留下印象，你自己要相信你说的，或者你能感觉到，对你说的有信念。

完成任务、克服诱惑，每天的生活由日常祈祷照亮的孩子多么快乐啊！“祈祷是打开晨曦的钥匙，挡住暗夜的门闩。”祈祷，不仅是道德，更是身心通往圣洁、善良和幸福的大门和直路。在1906年的英国医学会上，一位知名的内科医生说：“作为精神病医生，我的生活一直和心灵所受的折磨相关，我想说，在对付睡眠紊乱、精神压抑以及心灵苦恼带来的其他悲惨后果时，所有医疗方法中，最优先的是简单、准时的祈祷。这个习惯比我知道的其他疗法都更能镇定神经，增强灵魂克服情绪问题的能力。”

从教孩子简单祈祷开始，准时在睡觉前说，虔诚地跪下，即使妈妈自己祈祷时不真诚，也没有关系。所谓道德指导的任何替代都可能致命，因为道德起于宗教，而不是宗教起于道德。祈祷前，妈妈应该用自己的语言，讲一段《圣经》上的故事。这些故事可以慢慢加长。讲故事的方法，要让孩子能得到自己的结论。别说教。如果孩子问问题，比如：“这个故事是这个那个意思吗？”如果他对了，妈妈不要欢天喜地地夸奖他，而是简单地拍或亲他表示自己的高兴。这样的鼓励很有好处。

教上帝的祷文。大声说出来，让孩子虔诚地跪着听。不要解释，不要鼓励问问题。从你心底说出祷文，像你自己在祈祷，而不是为了让孩子记住祷文。孩子确实不理解这些，不理解祈祷的祷文，但是听你虔诚地说出来，他们会通过感觉本能地学习，这才是正确的学习方法。心的培养要先于脑。一个三岁的孩子就能祈祷“我们的天父”，并能知道他是万物之父，“在天的父，”孩子永不会厌倦听天上的事，“愿人都尊你的名为圣。”如果他询问天父的名字，告诉他这个名字很神圣，提到的时候要双膝下跪。

说到祈祷，很难知道一个拒绝某个祈祷的孩子，头脑里是什么想法，可能他误解了意思。比如说，我知道有的孩子，如果面包上没有黄油，就不会主动要面包。在这件事上，不要强制，只要大声虔敬地说出祷文，允许孩子加入。其他事情必要的话可以强制，为了执行你的命令，不要在这件特别的事上，强迫服从，你很难成功，而且这不是一个课题。不要催促或强求，而是每晚诚挚安静地为他祈祷，这样他就会和你一起想，一起说。

不要担心孩子祷文只说了一半。他还不能感受那些语言的意义，也不知道它的必要或好处，但只要听你虔诚地祷告，这些可以靠直觉学到，而不是辅导。你是在以榜样教学，感觉是可以沟通的。不要讨论祈祷时态度是不是诚挚，因为如果没有感觉，说这些就不会真实。只要保持你自己的诚挚，剩下的任其自然。在他知道祈祷的意义前，他要看到每天生活各方面的表现，在这之中，学会感知上帝的力量。

让孩子理解“每天需要的面包”就是食物，这是上帝赐予的。上帝为我们好，为他的孩子们，送来了牛羊和鸡，还有他们看着成长的谷物，蜜蜂酿的蜜，泉水，牛奶。经常谈论上帝的力量、仁慈和智慧。引领孩子亲近观察户外的美丽，让他看到上帝也给鸟儿准备了空气，给野兽准备了田野。告诉他上帝让太阳早上升起，给我们光亮和温暖，让我们工作，他在晚上让太阳落下，这样我们就能为第二天的工作而休息。他让园地生长，花儿开放，鸟儿歌唱，这一切都是为了我们的幸福和益处。

孩子意识到上帝用落日余晖涂满天空，但人类却做不到时，他们就能接受其他同样神秘的事物了。不断指出这样的事情，把他们从粗人中解救出来，虽然他们很快就不得不与这些粗人打交道。这些高尚的想法能激起想象力，阻止他们以卑鄙的眼光看事情，也能防止他们过高估计自己的价值和力量。杜绝诱惑的最好方法是，让周围的奇迹和美丽充满孩子的生活，这样就没有空间发展低下的思想。

我想告诉孩子们，这地球上活过的最聪明的人，也不知道是谁给了玫瑰芬芳，微小的叶片绿色。示巴女王问所罗门，哪个是天然的花冠，哪个是人工的时，他掀起窗帘，放进一群蜜蜂，蜜蜂在这方面比他聪明，它们立刻飞向了真花。像我不久前告诉我的学生，我们很少关注院子里吵闹的麻雀——它很普通，司空见惯——但活过的最聪明的人也做不出麻雀翅膀上最小的羽毛，或者让不小心被踩死的蠕虫活过来。这些故事永不会过时，作为成功教育的基础，没有什么比这种真挚的谈论产生的敬意和谦虚更有影响力。同一个事物，这朵花，那朵花，树，动物，孩子和成人，月亮、太阳和绿色的地球，除非教了一千遍，否则“上帝创造万物”的说法进不了孩子的意识。孩子慢慢学会思考这些事物，头脑也渐渐丰富起来。

告诉大点的孩子时间和永恒，试着用简单的方法告诉孩子“无尽”的意思，以及岁月比大海里的水滴还多，还有，不管世界是不是会消失，岁月还是会有，而且比岸边的沙粒还多。除了谦虚地承认自己无能理解“无尽”，世界什么也没留给我们。时空都是上帝的。孩子可以理解这些。

试着用简单合适的方式回答合理的问题，但不要试图解释超过孩子理解力的事情。现代教育学的一个标准是，孩子问的任何问题，都要充分、坦率、相当及时地回答。童年不再有神秘，所有事都要向眼睛公开。可是，这样的信条，不自然而危险，就像它让人不愉快而且愚蠢。聪明的孩子都会天天问一些极度超出自己理解力的问题，包括没人知道、他没权过问的事情。因为好奇和习惯，“什么”和“为什么”一天到晚都在他嘴边。

保罗说：“妈妈，什么是电？”你当然不知道，于是你认真地拿下一册《普遍知识纲要》（书商保证过这本书可以应对这样的紧急问题），读给他电的讲稿，这一章还对著名的摩擦黑猫背的影响做了精彩评论。然后保罗很快开始追问数不清的猫的问题。把他带回手边的事物，考虑告诉他导体和绝缘体的意思，但这只会让他的兴趣转到电车售票员[1]身上。你又一次转移他的注意力，考虑让他记住一两个电的词语，比如正极和负极，但这次他打断你，说要一个冰激淋球。

这个例子可以看作孩子的问题的一个范例，说明孩子的问题，不可能用定义和细化讨论回答，而且没有进一步模糊问题。主题和解释都超出孩子的理解力。你不可能依靠定义，定义就是用比所定义的东西简单的词语说明，比如告诉孩子四足动物就是有四只脚的动物，而已知的电的定义，必须要一个相当成熟的脑子才能理解。更重要的是，语言对孩子来说还很新，不管你用多么熟悉的词语，都会堆起来，让孩子的思维从原本的话题上四散开来。连与他熟悉的东西相比较都不能，比如把老虎和家猫比较，因为唯一可能的比较，是和超出他智力的东西比较，而他只有靠直觉才能理解。这是秘密，目前只能这样，不管我们多么想要让它浅显易懂。

不要假装解释，但是抓住机会教他重要的一课。告诉他他太小，还不能明白有些事，大人知道一些，但不知道全部，他必须等大一些才能听懂解释，就算那时，不管他多么聪明，他也不能知道全部，除非他去了异世界，那里所有的东西都明白易懂。

---

①英语中conductor有“导体”和“售票员”两种意思。——译者注

哦，我的雏菊，你这简单的小东西，

从上帝的视角看来，会是什么样啊？

告诉他，对很多我们熟悉的事情来说，这是真的。比如大树从小籽长成，小鸟从蛋里孵出来，肥皂泡在阳光下会出现彩虹色。我们观察这些事情，给它们取名，使用它们中的某些，但尽管聪明人历尽一生想揭开谜底，还是没有成功。我们只知道，这些事情是上帝为他的孩子安排的伟大计划中的一部分。想象一下，在一堂树如何成长的课后，孩子问了一个非常合理的问题："我们也是像树一样，从里往外长吗？"对这个问题，回答"是的"，然后像面对深奥的电的问题一样，告诉他他太小，还不能明白。如果这堂课给孩子留下印象，就可以克服孩子对反驳的偏爱，让你对每一个声明都提供证据。现代的父母和紧跟时代的老师们都容易因为任何事都要给解释而造成自己威信下降，虽然他们心里觉得要假装能做到这样，但这简直亵渎神明。难怪现代的孩子对任何事都没有怀疑或犹豫，甚至觉得人类知识中没有他不能发言评论的，就算那些研究了一生的人也不比他更有资格。

不要给孩子解释一切，所有人的知识和理解力都有上帝明智安放的固定而狭小的限制，现在告诉孩子这个还为时过早。那些孜孜不倦研究多年、勇敢而自信地追求真理的伟人，最后也同意了伟大的物理学家杜布瓦·莱蒙的话：“无知，我们不会知道。”你越快让孩子明白即使大人也不能明白所有事，他就会越快明白，很多事情超出孩子的理解力是正常的。这种健全的、充满活力的谦虚感，绝不会影响孩子追求真理。正是如此，那些真正努力追求理想生活的人，就是那些始终明白人类的弱势和缺点以及完美的不可能性的人。

如果那些最伟大的科学家，都能公开承认他们不能解释最普通和最明显简单的事情，为什么你，老师妈妈，不激发你的孩子相信他在这个世上永不会知道的事？基督对他的信徒们说：“我还有很多事要告诉你们，但是你们现在还不能承受。”在我们永恒的为什么中，有多少骄傲！我们是谁，能用我们的小脑袋，揭开上帝的秘密？《圣经·以塞亚书》上说：“既然天堂比土地高，那么我的方法肯定高于你们的方法，我的思想也高于你们的思想。”

妈妈们常说：“我总是告诉我的孩子他们问的所有问题的真相。”现在，妈妈们，不要被误导，以为你必须且只能告诉他们“真相”（ 大人喜欢用这个词）。这对他们太沉重了，而且，你也没有能力告诉他们真相，因为不是你可能使用的语言包含真相，而是这语言在听者头脑里产生的影响。你和丈夫讨论，说你能精准预测某些言语、某些声明对他产生的影响，以及他的头脑会对你的言语产生怎样的反应，他会做出的推断。但如果你跟一个孩子、陌生人或一个来自完全不同生活因此思维方式也不同的人谈话，你就不能那么好地判断对方可能得出的结论。你企图用语言传递某个概念，但如果听者误解了你的语言，那只有上天知道你可能说什么。这不是说你不要鼓励孩子问问题——根本不是。他的问题是判断他可以学什么的唯一可靠指示，你的回答不仅要体现出他目前指导的大特色，还要体现出他未来教育的轮廓。因此，最重要的是回答的形式，而不是内容。有时候收回你的知识比告诉他更有指导性。

这整个讨论的目的，是要强调处理孩子的问题时，理性固定政策的必要性，为了让他们形成可能的思维框架，以接受指导和这种方法带来的益处。第一，快速确定孩子可能问的问题，不要担心他们，因为那些问题关乎成长，否则你就要面对最讨厌的小家伙了，他会是一个好奇不当的孩子。第二，不要混淆自然的好奇心和求知欲，比如看动物表演就是自然的好奇心。如果孩子观察后，问自然会问的问题，问问你自己，这个课题是否适合目前的指导。水怎样流过管道，是合适的课题，但主要属于生物课的问题则不合适。在决定这点时，使用你的优秀判断力。我在这里说这些，仅为了驱使你不要允许你的判断被流行的说教压倒，那些说教的人，已经因为推荐以事实真相，回答孩子的所有问题，造成了不可挽回的伤害。

不要让孩子遭受醒悟的痛苦。他们的不智是可爱的。年轻的头脑对周围充满惊奇和敬畏，在每片叶子、每朵花、每片云、每颗星中看到神秘，这是自然而美丽的状态。不要用没用的科学解释摧毁这个信仰，但试着给出能净化灵魂和心灵的答案。用能给孩子思考、提问的材料的方式，讨论常见的活物，比如蠕虫、蚱蜢、蜘蛛，引导他们看见无处不在的神秘。让我们想想，比如，九月份，燕子开始聚集，为秋天长久的南飞训练，它们要离开了，其他候鸟也随其后，最后，鸣叫着的大雁，在飞离寒冷的北方，寻找温暖庇护所时，以他们的V形战队吸引了我们的注意力。它们怎么知道？谁教会它们本能，请允许我问，本能是什么？如果你简单告诉孩子，万能的主在指引它们，从父母的嘴里说出来，他们能理解，也乐于接受。永生的大自然的魅力，会为没被宠坏的孩子铺好崇敬和谦虚的路，能观察到的普通事情就是最好的课本。巨大兴趣产生的时刻，就是进行终身课程的时刻。所有课题中，最好的就是新生儿。他从哪儿来的？上帝送来他，一个洁白的新的灵魂，学习做一个好孩子，一个好人，在这个世界学习，以便能在异世界为上帝服务。这些关于天堂家园的小谈话之后，这个亲爱的小灵魂，以及他柔弱的小身体，都需要认真保护和珍惜。如果问到天堂到人间的路，像你回答了他一千遍那样回答他：他还太小，不懂。大人知道一些，但不知道全部，只有在异世界，我们才能知道所有的答案。

说到死亡，不要说它什么也没有了，而是生命在另一个星球或以另一种形式存在。不要不智地提起这个话题， 孩子的大脑还没发育到可以考虑生命不存在，或者现在存在，然后消失了的可能性，这是很深的思想，现在提起生死对孩子没有好处。等到孩子对这种事有了自己的经验，比如某位邻居去世了，使得他提出问题，而且他看起来准备好了，那就告诉他我们来自未知，会在这里过一段时间，做完我们的工作后，就被召回。所有这些都很精彩，每个和它相关的想法都充满使人敬畏的可能性，只在合适的时刻，以极大的敬意说起它非常重要。

没必要继续留在这个物质的星球上，事实上，应该尽力让孩子想到，只是灵魂离开了天父的家，但绝没有带着财富或贫穷，快乐或悲伤，而是带来了工作。不要让孩子对死亡抱着病态的观点长大，但同时，大人面对一个灵魂回到永恒之岸，甚至讨论这件事时，平常的体面最不需要的就是严肃尊敬的态度。

教孩子珍惜生活。不要让他们采花就为了撕碎它，而是教他们，即使只采了一朵雏菊，也要放在水里，好生照顾，生命如此美丽和神圣，不应该只拿来破坏。一遍遍告诉他们，摧毁是多么容易，而复生却不可能。

孩子天生热切地想知道，他们注意到的活着的现象为什么如此，而如果这样的答案过早地直接以大量语言告知，没有好处，因为语言常使真相模糊。

为孩子的头脑准备健全的物理过程的知识，有个适合的方法。这个方法有两个主要分支。一个是自然学习，年复一年，持续地从四季学习，让大脑充满可爱的想法，上帝惊人力量的概念，对知识的渴求。另一个是宗教教育，激励和承受其他所有的指导。美丽的黄昏——上帝造的，好看的树——天国的父造的，一只鸟——上帝造的，并教会它怎样筑巢和唱歌，路上的一条蠕虫——上帝造了虫，并给了它生命。简·伊丽莎白可以用她的小脚踩死它，世上最聪明的人也不能再让它活过来。

现在，一起说说这两个分支，你的孩子会对上帝的力量产生敬畏和崇敬，他们看到了上帝的手无所不在，不管他们能否理解。他们会在好性格、对知识的热爱、谦虚精神、对权威的敬畏中成长。那时他们就是可教的了。他们的灵魂深处长着超出智商的美好事物，这些事物不可用实物测量。他们的心灵里会有一个标准，不仅可以衡量别人，也可以衡量自己。没能在孩子的心里产生正义和公平的自我批评的训练是没有价值的，而“了解你自己”更不可能，除非他可以清晰做出自己外在和超出自我的比较。

第十一章

道德和举止

一家大百货商店关门的锣声响起了，声音飘扬到户外，我走到一个出口，上面写着“员工通道”，发现自己面对着几个礼貌却坚定的保安，他们要检查我的随身物品，以一种科学的精密而不是讨人喜欢的态度检查过之后，知道我的行李很普通，这些捉拿者就让我继续前进了，他们还要对队伍中站在我身后的员工们做类似的检查。我认识这家商店的经理，就问他，他们是否理所当然认为大多数员工都不诚实。他肯定地回答了，并补充说：“最让我吃惊的是，给我们最多麻烦的，不是那些贫困家庭的男孩和女孩，而是家庭环境相对较好的，他们的父母希望我们雇用他们，给他们一些商业训练。当然，这肯定与他们的成长方式有关。”

让我们瞥一眼非常普通的成长例子，这个可以叫作“拔苗助长”。两个来自夏日旅馆的孩子，在我家门前停下，开始摘伸出篱笆的玫瑰。他们的妈妈，尽管近在咫尺，却没留意，等到发现他们被看到了，于是她转向孩子，严厉地训斥他们，喊着“淘气的小姑娘，采别人的花”什么的，直到我们听不见为止。

一个有钱妇人的六岁儿子，在小区里抢其他孩子的东西，把所有他看上的能搬动的东西都带回家。才一天，妈妈就要修复偷来的马车、三轮车或者玩具枪。有一两次，她试着让他把据为己有的东西还回去，但他不愿意，她只得让仆人去，或者自己去。她怀着深深的屈辱感，去道歉去归还，并想着她儿子以后会成为什么样的人。

这里有一个不一样的故事：七十年前的一天早上，一个住在山里的小女孩和妈妈一起穿过山谷去邻居家。两个妇人闲聊时，小孩就在院子里玩，用一把好像专门为她打造的槽铁挖井、打大坝，这把槽铁是格兰妮·威尔逊用来卷皱她浆过的帽子的。到了要回家的时候，让这个五岁的女孩放弃这个好玩的玩具是不可能的，她天生的聪明让她趁妈妈没看见把槽铁藏在了围裙下。但小女孩一在自己家院子里玩，妈妈就发现了这件错事。这位妈妈没有和孩子有任何谈判交涉，而是立即行动："莎拉，你拿了不是你的东西。准备好，把槽铁直接送还格兰妮·威尔逊。"莎拉执意不去，她妈妈就从大榉树上折下一根树枝，抽打她的小腿。不只这样，她还一路跟在小女孩后面到格兰妮·威尔逊家，小女孩不走时，就继续抽，没有停，直到小女孩把槽铁送到它主人的手上。

莎拉在这方面再没需要什么纠正，如今，她高兴地看到自己训练良好的孩子占据着高位，因为自己经得起磨炼的诚实和勇气，甚至受到来自国外的尊重。现在，不仅是鞭打给莎拉上了重要的一课。仅有鞭打是不合格的，而是为了教会服从，在必要时候鞭打，以及在鞭打比语言更能表达的时候。惩罚的效力在于，她不能从错事得到快乐或好处，也不会误解为什么会被惩罚，立即惩罚，让她明白确定的因导致确定的果。如果那位妈妈试图跟孩子讲理，她肯定会失败，因为语言无法向一个不成熟的头脑传递对错的区别，只是让孩子知道，有些事情父母会高兴，有些不会。关于诚实，最聪明的布道，仍能让五六岁的孩子相当满意，布道说偷窃的主要妨碍是会被发现。

莎拉的儿子八岁时，她发现他从她的钱包里拿小面值的硬币，为他的“帮派”买口香糖。她没有把钱包锁起来，而是教他抵制诱惑。她没有在家人面前抽打或侮辱他，事实上，她甚至没让家人知道他的小过失，但她给他解释了偷窃的罪恶，不诚实的人得不到尊重，偷窃也不会一直不被发现，而一旦背上罪名后，就很难重拾好名声，对那些不幸染上偷窃习惯的人，等待他们的是惩罚。由于这个孩子的家庭就是一个不妥协的诚实和公正的环境，这样的谈话就够了，他也再没犯过。

想找出人类大脑是如何分辨对错的，很不容易。不过，妈妈们也不用和道德家们进行长篇专题讨论。她只要建立一些相对简单的道德关系，把灵魂当作教育的中心，知道道德就是宗教的日常表现，道德和行为的关系很亲密。良心是我们天生的判断力，可以让我们知道对错。它不仅提醒我们反对错误，还迫使我们做对的事情。良心不是天生就发展完好的，它需要宗教指导和纪律，像深刻的感情和思考力一样发展，由稳定的自制力加强，先是从外部培养，然后是内部锻炼。

控制孩子的行为，知道孩子的想法，是父母的责任，直到孩子能自我指导和判断。很快他就能学到所有错误都要受到惩罚。这样，避开禁止事情的习惯，就会慢慢形成，也就习得了法制观念。在此基础上，孩子会乐意学习道德义务。这样，随着推理能力的成熟，个人就会明白为什么会有限制，他会意识到我们的行为是我们最应该关心的事情，责任也因为习惯变得更自然，他越长大，就越能依自己的自由心智，而不是惧怕惩罚，去做正确的事。建立在义务基础上的道德，变成了建立在自我肯定的基础上。父母的控制只是产生自制的一种方法，如果它没这样做，那就是失败。我们都要犯错，孩子也要有犯错的空间，这样自己才能从不利经验中发现许多事情。

诱惑是价值训练中有价值的部分，美德不仅是被动的善良，还是善良透出的力量。不过，给孩子的诱惑，只要够锻炼拒绝的力量就够了，不要试图征服他们。比如，不是把所有东西都放到孩子够不到的地方，而是训练他不要干涉禁止他做的事，激起他克服诱惑的骄傲，比如把蛋糕或糖果放在他够得到的地方，让他看到自己在难以选择好时，每一次的选择好，避开坏都在让自己更强大，以及这样他会训练意志力控制欲望，但如果孩子的意志力被这样的诱惑削弱了，是不合理的。逐渐让孩子尊重“我的”和“你的”的区别。不经主人允许，孩子借一支铅笔也不行。不要过于相信没发展的自制力会压过孩子不安的能量。

什么是真相？真相就是，看到什么就是什么，再准确描述出自己看到的。什么是谎言？韦伯斯特说：“说谎，就是故意说编造的假话，误导别人。”很多妈妈都希望她们的孩子就算什么都没有，也要诚实，但她们中的很多人，都或多或少用了让孩子撒谎的二十种方法，只有很少人找到让他们诚实的唯一方法，因此成功的妈妈真的值得祝贺。正确的方法很简单，但不容易。第一个必备条件是，通过亲切有爱的方式观察孩子，以了解人性；第二个是，耐心地坚持应用这种了解。

有个妈妈跟我说："我绝望了，我六岁的儿子总是说令人吃惊的谎话，我责备他，惩罚他，但是好像都没用。"我回答说："不要因为小孩子说让人吃惊的谎话激动。孩子夸大其词，才更让人担心。只有越过真相，他们才能学会保持真相。不要担心，也别希望通过说教克服撒谎。别以为你可以打得孩子诚实，只要冷静处理，不加理会，让孩子不要从谎言得到好处。撒谎是童年的一部分。"

一个年轻的妈妈吹嘘说："我的孩子天性诚实。尽管才五岁，我已经教过他谎言的坏处，还帮助他驾驭想象力，这样他就不会有撒谎的危险了。"我回答她说："耐心点，你的孩子还没学会撒谎。他还没领悟到谎言迷人而短暂的好处。小孩子都有撒谎的倾向，你必须处理一段撒谎时期，这就像长牙一样无可避免。孩子一旦可以进一步推理，他就会按自己想要的去推理，如果仅是生动的文字描述就能过关，他肯定不齿用最便捷的方法，得到他想要的结果。准备好面对这些。把它当作道德和精神成长的一个阶段，而且这个阶段不会留下疤痕。绝不要让他觉得他骗过了你，或允许他用假话或欺骗获取什么东西。在他十岁前，你几乎不可能根治这种习惯，十岁以后，他应该发现撒谎没有回报，道德感也会有所帮助。”

现在，不要从此推断，我是物质主义者，相信善良出自需要，远不是的。但说真话有两方面：一、正确整理印象的能力，并能清楚准确地阐述能说出来的；二、能控制自己，即使对自己不利的部分，也不要添加或遗漏的自制力。在实际的说谎之前，要克服说谎的冲动，宗教指导和纪律可以帮忙。观察力可以使孩子看事情更准确，语言课能帮孩子精确描述自己看到的东西，道德课能让孩子意识到撒谎的丑陋和无用。诚实的美德，真相的美丽，故事和谈话都能让孩子形成抵制诱惑的想法。

孩子喜欢玩语言，就像喜欢玩玩具，试验、学习它们的可能性。他们的有些谎言是游戏，有些是嘲笑，有些是模仿，有些是白日梦，有些是为了方便。有时候那些让妈妈伤心的令人可惜的大多数谎言，是出于胆小或无意识地认为自己失败了，或者缺乏自制力。当然，孩子会夸张。他用夸张的方法看待全世界。他不能准确描述事情的本来面目，他没有准确的知识那么做，没有长时间对亲近观察和准确描述的认真训练，要看到事情的真面目，描述出我们看到的东西，是不可能的。三岁以上，规律地进行这样的训练和练习，让孩子学会精确，精确是诚实的双胞胎兄弟。但怎样保证他会使用“精确”这个工具？宗教和道德训练可以帮忙，六七岁以后，认真进行这些训练。孩子需要知道我们不能欺骗上帝，我们最大的敌人是谎言之父，他会用自己的钱包回报为他工作的人。

这些建议，仅对能为孩子做榜样的父母有效，他们言行一致。你不能说一套做一套，还想教会孩子。孩子比大人能更快侦察到你假装斯文的谎言、政治谎言、经济谎言。如果你对孩子撒谎，为他撒谎，或关于他的事撒谎，那么跟孩子谈论诚实毫无意义。还有父母为了自己的方便，教孩子撒谎，这样的伤害，比普通自发的谎言大一千倍。一个孩子想象自己的妈妈一点不会撒谎，也从没发现她夸大事实，很可能就会觉得撒谎是邪恶的讨厌的，而他要忠于真相。

很多父母对孩子撒谎，为了获得暂时的服从。“如果你还哭，警察就会来抓你。”这样的威胁很常见，这样重复几次后就没有效果了，而有的妈妈走得更远，甚至装出要给警察打电话，让他们来带走这个淘气的五岁孩子。我知道严格的教徒也有做这样糟糕的事的。如果你做出不能或不会执行的威胁，就连最小的孩子也能很快学会，用这种短暂丑恶的语言对付你的弱点。你说的“必须”，就是“必须”。

很多父母，有时孩子说假话时选择原谅，在另一个场合又企图纠正，这种行为让孩子说真话很难。大卫跟他妈妈保证说他已经做了日常打扫走廊的工作。但调查显示他连摇椅都没动，也没碰过小地毯，但妈妈有时间，而且脾气好，她笑着告诉他，下次做好点，然后大卫去玩了，她自己打扫。下次他告诉她已经扫了走廊时，她很忙，来到走廊发现没打扫后，她的自尊心受伤了，因为大卫撒谎而惩罚了他。在这个例子中，大卫撒谎的错误，其实都是她造成的。

太多父母企图分辨谎言和借口，分辨说假话和在该说话时保持沉默。这是致命的。要决定的一个问题是：有可以欺瞒的现象吗？太多父母赞同孩子的诡计，在琐事中互相欺骗，甚至把这看成是一种有前途的天分。这些会让孩子成为盗贼，让他们成年后继续撒谎。

孩子知道撒谎是什么后，就急需明白说谎的罪恶，但我绝不想提前哪怕一天，让孩子知道世界上还有谎言这样的事。越少讨论坏和恶越好。孩子可能看起来明白它们的区别，但他其实不明白，这超过他理解力的解释只会让他糊涂。但他知道有撒谎这么回事后，让他知道谎言可恶，真相美丽，并继续观察并教育。

主要说真相，提到谎言要谨慎。教孩子欺骗的邪恶时，你给他上了文理科可能会推迟一两年的课。很多孩子第一次知道谎言，都是因为别人教他不要说谎，好奇的天性又补足了剩下的工作。一天一个小家伙，恐慌地冲进来告诉妈妈有个魔鬼坐在谷仓的横梁上。调查表明他孩子气的恐惧中，所谓的魔鬼只是一只谷仓猫头鹰。在他逃避一场淘气的结果，跑进谷仓躲避时，猫头鹰眼睛发光地瞪着他。如果这个妈妈很不理智，当时当地指责他撒谎，给谎言定义和说明，让他对谎言的概念留下固定印象，激起他对她的话题足够的兴趣，想要知道谎言更多信息，她的演讲对他来说就是一个童话故事，他立刻就会给她谎言，给她的课程补充材料。

尽量避免一切会让孩子闪烁其词的诱惑。只有情况紧急时，才问他是不是做了某事。这大部分时候是个无用的问题，因为孩子自然会说他觉得让你高兴，又让他免罪的话。如果你问孩子他是否明白一件事，他会说是的，你问你的孩子是不是做了某件淘气的事，他会说没有。如果你怀疑孩子淘气了，使用自己的脑子判断他是不是有错，如果你发现他有错，审判他，应该的话就谴责或惩罚他。对一个四五岁的孩子，除了直接不服从父母清楚给出、孩子清楚理解的命令外，不应该因为任何别的事受惩罚。如果你知道他做了什么事，你问他做了没，就是在自找麻烦，除了不服从，你还要面对撒谎、掩饰、虚伪这样的难题。

训练孩子认识和承认错误，而不是直接原谅他们。不管在家还是学校，人们都能听到这样的对话："詹姆斯，你那个词没拼对。""哦，那个't'太多余。"詹姆斯回答，他把"稍后（latter）"写成了"后（later）"，现在企图搪塞过关，不想承认自己犯错了。不要就这样过去。认识错误并承认是智慧的基石，拒绝承认错误一旦扎了根，就很难消除。

对一个活跃、充满幻想的孩子，一个想象或假装的词，没有欺骗的意愿。想象力是一种天赋，没有它，我们比呆板的土块还无聊。注意不要摧毁或损害它，也不要说这是撒谎。关心纪律的其他阶段，但不要干涉无害的想象。以同情和理解的微笑面对狂野的想象，既不赞成也不反对。你甚至不用说："但是埃尔希知道她在想象吗？"也不要坚持让孩子一再跟你保证这点。想象和谎言绝对没有联系，除非你把它们放在一起谈论。

应对谎言：与其说夸张是谎言，不如以问题引导孩子看清它不准确，就像你纠正其他错误或责骂他没做好工作，像你跟着他去看扫了一半的走廊或者没打扫干净的椅子，让他做对了。教你的孩子像告诉他的那样传递一个信息。让他复述给你听，直到说对了为止，即使这样小范围的精准也能帮助克服夸张、吹嘘及其他歪曲事实的天性。教孩子不要把任何他们不确定是否属实的事情当成新闻传播。教他们不要装饰他们叙述的消息，不要轻率或无目的地说，不要转述废话。让他们面对不懂的事情时保持沉默。让孩子说自己真正听见的、看见的，而不是他想象的或幻想的，让他们不加不减地复述事情，让他们回答问题对到点上，不要搪塞或转弯抹角。如果问题是用现在时间的，坚持回答也要用现在时。

告诉孩子上帝会知道每个谎言，敬畏上帝的人都避免和厌恶谎言，以唤醒他的良知。经常让他复述十诫："你不能为你的邻居做假证。"还有这样的教条："罪恶有很多工具，但是谎言是适合所有人的手柄。""说一个谎言，得用其他九条谎言来圆谎。"让他们暗暗听到一个关于谎言的恐怖故事。这种间接讲述更有效，如果大人憎恶谎言，孩子也会有同感。不过，就算对谎言恐惧，要想让孩子绝对诚实，也需要日复一日培养诚实的习惯。

训练孩子不要轻率承诺。小孩子不应该承诺，大人也没有权力让他们承诺。不要惩罚孩子道歉，也不要让他承诺变好，不会重犯错误。

各种诺言，不管是宗教名义，还是爱国主义，或者慈善、服从、恐惧，都容易包含谎言，不应该支持。孩子没有兑现诺言的毅力。他们会食言，学会食言多么容易，这样就在他们还没能明白诺言的神圣前，就养成了食言的卑劣习惯。

告诉孩子一件事，再让他保守秘密，更让人反感。这种常常发生在孩子身上的事，怎样也不适合孩子的年龄，应该严格避免他接触这类知识。反对，不只因为把一个对很多成人来说都难以抗拒的诱惑压在孩子身上不公平，还因为孩子的心应该向阳光敞开，不应该让它蒙上黑暗。告诉他保密，就是告诉他丑陋的鬼鬼祟祟，这会很难根除。

好的行为来自良好的、普遍认可的好习惯，这些没有自制的习惯都不可能形成。身心能自我指导时，好行为就会容易养成，且看起来自然，否则看起来会做作、不和谐。一个教育良好的孩子，通常也会举止良好。我写这些的时候，眼神落到了晚报上的一句话：“全世界都对举止良好的男孩敞开了怀抱。”好行为会支持孩子更具人道主义，让孩子懂得为别人服务，也就是偶尔为别人的利益自我牺牲。把这个转成一首短诗，五岁的孩子可以学习并爱上这个规则：

想别人怎么对我，

我就怎么对别人，

诚实、善良和乖巧，就是我，

像每个孩子应该做到的一样。

让孩子练习这个。教他说话或回答问题时，显示出对他人的尊重，特别是长辈。让他到你身边说话，如果他没有充分的原因向你喊话，半责备地问他："谁伤害你了？谁威胁你了？"这样他会意识到自己的失礼行为。让孩子把座位让给站着的老年人，进房间先敲门，说出自己的名字而不是"我"来回答："是谁？"这些小事，能培养习惯，最终形成美德。阻止可能冒犯别人、或粗鲁的举止，不想要的性格特征一出现就要打击，孩子淘气时要立即制止，渐渐你就能制止他们做不应该的事，抑制行为就是抑制错误。不要让孩子看到你专注于别的事时，就要求你注意，而是让他尊重地等你忙完，能听他说。

孩子跟你说话时，让他对你表现出尊重。他要在每个场合都尊重你、对你有礼，杜绝轻率。如果他吵吵闹闹、不合理地走进房间，立刻让他出去，不要责备，告诉他以合适的行为进来。不要让任何一个这样的行为逃出你的警戒。不要大声讲话和喊叫，让孩子在屋里时控制声音。不要容忍孩子让长辈不舒服的行为。特别是男孩，让他们把别人的安适放在心上，不让他们这么做的话，他们学不会这样做。如果你要求尊重，他们就会尊重你。

考虑到正确的身体态度不仅对生理健康和美丽有益，还有道德行为甚至整个心灵的影响。合理、得体、健康，都需要孩子习惯于保持自己的整个身体处于合适的态度。怎么合适地站、走、坐，不仅是身体训练，也是道德和智力训练。身体如果不会响应大脑有序的控制，那就还处在动物期。由于空间限制，这里仅提供部分建议：

站立，两脚要向外，脚跟稍微分开。孩子要学习站直，重心不要在脚上移来移去，走路时，不要踮脚或拖着脚。坐下时，双膝不要太远，也不要太近。脚动来动去，或向前伸出，都极为粗野。不要让孩子坐着时双腿交叉，或靠躺在椅子上，坐在椅子边上。上述的姿势会造成紧张，使整个神经系统不适，影响血液循环，容易导致畸形，任何一个好医生都会提醒你这点。让孩子站立时双肩放平，不要耷拉着脑袋也不要粗鲁地抬着。训练他们不要懒靠，频繁换地方，摇摆双脚，翻手翻脚或扭动手脚，所有这些糟糕的动作都要禁止。训练他们说话时头抬直，不要仅用点头摇头回答问题。

训练孩子不要把手放在头上，特别是在餐桌旁。教他们不以翻转、乱抓或其他姿势容忍不便，不只因为这些动作可能冒犯他人，还因为每一步自我限制都在走向自制。让孩子在明白为什么以前，就做得体、有序的事。对最小的孩子，要控制他想在餐桌上找人帮忙的欲望，避免其搅盘子、敲桌子等没有耐心的行为。

孩子在餐桌上不能参与谈话。他们应该听和学，尽管他们天性想说出自己的观点和想法。这会让他们在学校学习很难，因为他们想要教老师，这比纠正父母冒犯要小。我认为一千个孩子里面也没有一个没有这个问题，必须以持续的关注和严厉的抑制消除。

看见穷人（有时是因为孩子而穷）回到父母面前，他们的父母曾经爱过他们，为他们工作、节俭和牺牲，这种事引起说教的诱惑非常大。孩子长大后，父母再绞紧自己的双手，要上天解释孩子的自私都没用。从早年开始，就要教孩子明白自己的幸福，并感激为他提供幸福的人。感激，像宗教、爱国，以及生活中其他美好的事情一样，是开在心里的美丽花朵。这花朵要在我们期望它开出芬芳的花朵前，就用心根植，轻柔培养。忽略心灵，只关注大脑的教育，根本就不是教育。

以教孩子到父母身边，感谢他们提供的每一餐开始。这样，一种自然的感激之情就会发展，从这里会长出对给出无数礼物的上帝的崇敬和感激。你不能仅告诉孩子他应该感激，而让他感激。他必须听到语言，看到例子。我建议这样计划：每个孩子，吃完饭后，都走到爸爸身边，亲吻他，并说“谢谢你，爸爸，因为一顿好饭”或者不管什么饭，然后再走到妈妈身边，也亲切地感谢她。要求孩子说话清晰，不要咕哝，这样才不会将这种练习沦为形式。一天吃几次饭，就让他们这样做几次，一年到头不停。早上第一次见到爸妈时，让孩子挨个亲吻，并说：“我祝你早上愉快，爸爸/妈妈。”这些方法如果使用时没有尊敬和爱，就会不自然。但即使空口应酬，只要在心里暗示着好行为，也好过无礼、不顾别人、不尊重别人，很多孩子在长辈面前一脸炫耀。练习这样的日常问候，你会发现，这些会变成充满爱意的自然表达，会让你家充满温雅、敬意和爱的甜蜜氛围，这里会成为善良的温床。孩子应该知道，他们对父母的尊重是证明不完的，除上帝以外，他的一切都是欠他们的，他应该习惯在睡前跟父母道晚安。

让孩子惯于在餐桌上祈祷。这是感激的最自然行为，感谢上帝赐予的食物，好像很老式，被文明人认为不值，但即使老罗马的异教徒也做得很好，他们还给他们认可的唯一神敬酒。让孩子注意各种家养动物的行为。每天给鸡喂水多好呀。他有没有注意到，每次它喝了一口水，抬起头来说谢谢的样子？猪只想着自己，忘记感谢别人。

不要错过早期这个种子时间，这是培养不自私的好习惯的好时期，这个习惯还需要培养很久。对孩子来说，自私就像呼吸一样自然，只有母爱和牺牲，才能把人类早期这种自然的不完备性，转变为成人珍贵的人道主义。我告诉你这个，然后你发现自己没有达到目标时，可能就不会非常绝望。你要有足够的耐心。

妈妈们有时候抱怨孩子缺乏同情心。同情是一种受过折磨的感情，但孩子们没有受过折磨，哪来的同情心呢？让幼儿园的孩子做一些能激发这种感情的事，为时过早。加速感情成熟，其实存在明显的危险，这会导致早熟，还可能会使头脑充满感情，变得无法控制，从而感情控制了意志。更高的道德和智力，只能慢慢来，它们会随着经验和正确指导，自然真实地到来。不要玩弄孩子的情绪，也不要作为引导孩子的手段，激起孩子的感情。

你越能把自己当作背景，越能让孩子以外界，而不是以自我为中心，就离邪恶越远。与流行的观点相反，是心灵，而不是身体，产生引起社交行为不当的第一个刺激。如果能充分认识到这点，就可以减少父母直接引起孩子堕落的例子，造成这样的结果，可能是由于没注意，也可能是由于努力指导孩子某些事，而这些事本应等他们大一些才能教。对孩子最重要的是，过一个健康的孩子生活。不要和孩子开情人和爱人类的玩笑。

总的来说，让孩子远离成人聚会最好，就算是缝纫妇女会。在这里，人们为了合群，会过分关注孩子，宠坏孩子，让孩子产生自我意识，形成自我中心。偶然讲到不是故意让孩子听到的话题，却常常在孩子头脑里盘旋，让他对事物形成扭曲的概念。如果你一定要去这些地方，把他留给奶奶或其他信得过的人，但不要为摆脱负担，随便把他留给谁。你的孩子，必须优先于任何社交责任。

不要允许孩子不经过你同意，就和别的孩子做约定。如果孩子自作主张邀请伙伴或接受邀请，直接取消这种约定。你会发现，这绝不是没必要的防范。

如果孩子玩耍时讨论荒诞的事情，听起来让人反感或有害，让他们不要说胡话。如果你觉得他们的谈话只是不合适，转移话题，但如果只是天真、想象的胡说，别管他们。这种直接、孩子气的胡说不会有伤害，而是受欢迎的。游戏就是游戏，工作就是工作，什么时间什么地点做什么事。如果这能成为他们的生活准则，会让他们稳定和快乐。

期待合理的举止。不要容忍犯傻和歇斯底里。制止女孩们游戏时发出尖叫，因为没什么要尖叫的，还会刺激神经。轻率的闲聊不是游戏，不要容忍。户外的噪声如果不过分，是不让人反感的，但疯狂的喊叫就过分了。

压制不适度的愤怒和复仇的欲望，不然孩子会任性，难以驾驭。好的天性也会变成坏脾气，理解和判断会被任性和偏见扭曲。孩子的心中没有厌恶。如果厌恶在心中扎根，会让心变成别的东西，与造物主造出来的或想让它成为的完全不同。

努力改正孩子的淘气时，混合宗教，这有好的方法，也有坏的方法。我知道有个妈妈，用祈祷惩罚一个三岁的孩子，直到他看到并承认自己的错误，并祈求原谅为止。这样做有危险。小孩子不懂责任，这是我们改变不了的事实。他不知道那是错的时就没有做错，不知者无罪。实施正确的行为是父母的责任。孩子做了父母禁止的事，是淘气，冒犯上帝时，就是坏，这个准则是健康、有益和充分的。但如果没有恶意，就不会冒犯上帝，如果没有恶意，就连市民法也不能判人有罪。妈妈是他做错时用几句话让他明白的人，不然你是在让他自欺欺人，把他送往虚伪。我的一个小朋友，坚决否认吃了她妹妹选中的糖果，就被送到了楼上“和上帝谈谈”，她下来时，没有像往常一样承认错误，她还很无辜。这让妈妈很困扰，于是睡觉前，妈妈问她上帝跟她说了什么，露丝回答：“他说，‘你当然知道，露丝，你拿了糖，但是让我们再骗妹妹一会儿。’”

帮助孩子养成自制力有很多好处，最好最有保障的是让他意识到上帝无所不在，上帝在夜晚也像白天一样看着我们，上帝能读懂我们内心深处的想法，我们让自己的伙伴不高兴都没关系，但特别不能让他不高兴。

宗教法规和道德，以符号语言给孩子铺了一条具体的路。没有孩子能理解一个关于好事会有终极好报的说法，但是告诉他，我们做的事，会由记录天使写在生命之书上。好事用金字，坏事用黑字，好事写在右边，坏事写在左边。每件好事都让天使高兴，而坏事会让他悲伤。或许我们诚挚的悲伤可以帮助他忘记记录。让我们努力抗争，让每天结束时，好事多过坏事。如果我们每天能做到这样，在生命的最后，需要精确称量好坏时，我们的秤会向右边倾斜。这样的描述能吸引孩子，他们能理解，能做到一些好事。他们离时空更近，而不是更远，孩子的心灵能捕捉到那些，而讨论性格却不能让他们理解。

良心最好的表现方式是告诉他，要知道什么是对，只要问问我们的好的天使，天使会告诉我们，能安全指示我们，他很乐意指引我们走上进天堂的路。告诉他，如果我们屈服于诱惑，我们的好天使肯定会转过脸哭泣，如果我们经常听从诱惑，不理守卫天使的提醒，他最后会离开我们，因为他不能在罪恶的地方。面对诱惑时，回想起这些，会有多大的帮助啊！良心是安全指导，并且会一生如此，除非我们拒绝听从它，难道不是这样吗？

把利己主义转变成更高尚的事情，性格的优点，是可能的。让孩子看到，除非我们值得信赖，否则别人不会信赖我们，任何一个不诚实的举动，都会让人认为是贼或骗子，即使再说一千个真相也难以抹去这个印象。八岁以上的孩子，告诉他人脸可以表现出心里的思想，眼睛是心灵的窗户，从它可以看到心灵，小孩从上帝处来，带着上帝给的洁白干净的灵魂和脸庞，但数年后，脸就是自己给自己的了，如果心里的思想常常是邪恶的，那脸上也会有邪恶的特征。这是我们因为做错事受的一种惩罚，像凶手眉毛上就有记号。这些简单易懂，而且会对孩子有帮助。它可以帮助孩子控制自己，在克服讨厌服从权威的天性时，也需要外部的帮助。

有多少这样的父母，在孩子的可塑时期，不得不面对痛苦的选择，是继续“放任不管”，还是动用激烈的方法对付一堆坏习惯（这是父母疏忽造成的后果）？如果发生这种情况，我不敢告诉你，你会发现制止淘气的倾向很容易，或者只要劝劝，孩子就会走回正路。要修正被忽略数年的东西，不仅需要妈妈的极度耐性，还需要超人的意志力。但你不用也不必绝望地说，坏习惯改不掉，努力改善都没用，反而会违反上帝的意志。只有坏习惯存在了好多年时，才需要孩子合作，根除坏习惯，培养新的。那些成功克服坏习惯的人是这样做的，不只有意志力，还不断以好习惯取代坏的，一步一步，以习惯移除习惯。一定要有一个强有力的开端，让新的行为持续一定时间。决心、权威、榜样，任何一个或全部，都可能成为坚持的原动力，直到新习惯开始产生影响。

伟大的美国人本杰明·富兰克林知道怎么除草，以及怎样用自己的知识行动。听！

“我希望任何时候都不犯错地活着，”他写道，“据我所知，或自以为知道的，对和错的定义，我不知道为什么我总是选择一个，避免另一个。但很快我发现，我正在做一项比我想象的更困难的任务。每当我专心与一个错误对抗时，常常惊讶于另一个。习惯有时候太强大，以致无法推理。最后我总结出，坏习惯必须被打破，好习惯才能培养和获得。”

这个年轻人于是写出了一张错误清单。他没有想要一天克服所有困难，而是努力一周克服一个。从清单上的第一个开始，他一周周沿着单子继续，直到全部改完十三个错误。第一周，他与一号错误做斗争，第二周是二号错误，同时避免一号错误，第三周特别针对三号错误，还不能忽略一号和二号。他就这样，快速平稳地克服了全部十三个，也学会了控制自己。就因为他能控制自己，他成了领导者和他那个时代的思想家、世界上的智者之一。他证明了“控制自己的心灵，比攻取一座城池更好”。

让我们看看富兰克林的计划怎么应用在孩子身上。他的清单上有四个错误，其实很常见，我们可以用一个月的时间改正，每周一个。

爱说话——“只说对你自己或他人有益的话，不要做无谓的闲谈。”

混乱——“让所有的东西都有自己的地方，给你自己的事情都安排好时间。”

浪费——“什么也不要浪费。”

懒散——“不要浪费时间。常做有用的事。停止不必要的行动。”

每个孩子都要特别关注第一条，因为他的主要任务是学习，是获取知识，这“主要通过耳朵而不是舌头获得”。沉默和有序结合，可以节省时间。有人因为家庭和思维混乱，要浪费掉一半清醒的时间。节俭和勤奋，就像富兰克林一样，也会让我们独立。这可以帮助孩子克服坏习惯，一天说一次要乖，在任何情况下都够了。七岁以上的孩子在克服错误时，教他用日历，每天在上面标出一天的努力，给成功标加号，失败标减号，不能确定就打问号。

第十二章

家庭语言文化

再怎么强调早期充分的口语教育的重要性都不为过，书本上没有能弥补这种忽略的东西。口语比书面语更能检测教育，我们有权威证明：

死记硬背的语言，鹦鹉也能表演，
说话并不总是交谈，
和谐神圣的话题走远，
因为地标一样的叽喳声不断。

尽管我们希望每个年轻的心灵都充满文明人语言的美丽结构，我们也看到有些比单纯娱乐或油嘴滑舌、智慧更高深的含义，虽然这些或别的润饰很美好，而且毫无疑问有文化价值，但这不是第一位的。重点是，人类的思维和喂养他的东西很像，它能否有序运转，取决于是否接受过训练。婴儿时期就开始决定思维的复杂度和完备性，在明智的父母送他们进学校前，思维已经开始衰落。

学校给不了充足的语言训练。天分不会提供给孩子词汇，感觉也不会教他连接单词并正确运用，过去的文学祖先更不可能确保他会喜欢周日增刊上的莎士比亚的作品。但是妈妈可以做这些。教育，就像慈善，从家里开始。老师妈妈如果还没有学校里的老师好，那真是最不寻常和不幸的事。三到七岁，是比整个学校期间更好的发展智力的机会。

老师妈妈们，要求你们教英语，并不需要什么特别新奇、复杂或技术性的东西。你能读，就能给孩子这样的语言训练，柏拉图也会同意这点。不管你怎样没意识到，英语的实践课在婴儿期就开始了。你要教孩子少量词语，并让那些词有意义，以帮助孩子应对指导。和孩子谈话，教他一点祈祷，一首歌，或一支摇篮曲，你都是在教他英语。你属于老师妈妈的大集体，只是你没意识到。

现在，用相似的简单方法，应对不同的年龄，你可以训练孩子成为整个社区的榜样和激励，向邻居表明教育不依靠财富和好的环境，或者昂贵的学校，而是依靠耐心的关怀和敬畏上帝的父母的关注。

老师妈妈会发现，如果她有一个明确的语言教学目标，一天一天地坚持，会容易些。语言教学就是对大脑的开发和训练，细说起来就是：

1．从最简单的开始，逐步扩充词语；

2．让孩子惯于使用好的语言；

3．训练他只把事实当成事实说；

4．训练他准确无误地表达自己的意思。

准确地表达自己意思的能力，是优秀的教育最好的检测手段。孩子经过训练，能看见事物真正的样子，并能准确描述自己看到的，这样的孩子正在习得一些正确的概念和想法。通过训练他说话前先想一想，我们培养了诚实；通过教育他说话时小心和精准，我们培养了对所有事物小心和精准的习惯。

我们首先需要的是词语，没有单词，我们就不能表达人类感情，无法获得或产生想法。没有足够的词语，学校教育就是失败的。比如这个常见的抱怨："我的孩子没有数学能力。"就是上面的意思，孩子不知道词语的意思，从没人教过他学数学，或学其他任何事的第一步是知道词的意思。在这一点上，有个法官说："如果双方明白签协议时所用词语的真正意义，那我处理的案子中，有一半都不会发生。"

语言对人的思维方式有很大影响，就像思维影响语言。错误地使用语言，会让大脑养成粗心马虎的习惯。就算没有清醒的指导，几乎每个人也都会学说话，这是真的，就像每个人都可以敲响钢琴，但在没受过训练的人中，你别想听到清楚明确的表达。回想一下，在学校时，这是一个怎样的绊脚石——在你只想知道孩子是否理解或完成课文的时候，他给你一番长篇大论的解释。如果你问一个孩子——或者就这而言，一个大学毕业生——他是否能立即告诉你九乘七是多少，他会回答“六十三”，而正确的答案应该是“是的”。

如果这样一个法官，没有耐心，除了重要和必要的，说不到点子上的他通通不想听，也不听，不管你说得多么有表现力，然后训练我们在他面前做证，这该有多大的好处啊。这样训练过的孩子，以后肯定不会以手势描绘地震，或者把自己不够机智的话语隐藏在一些幽默俚语后面，以为这些俚语可以表达人类所有的思想和情绪。

这里有些普遍的建议，每个妈妈都可以重想出一个自己的办法：

给孩子唱歌或复述诗文，间接教孩子这些，而不是像一门功课。不要强迫他重复，除非他愿意。像一个亲爱的十二岁老师说她弟弟一样：“如果你想教泰迪学诗，他根本就不会听，但如果我只说给自己听，他听，还会跟我说。”不要教孩子不喜欢或不明白的诗，就像给牛的草料不能扔得太高。

你的指导计划应避免复杂，前一课没有清楚理解或彻底掌握前，不要开始新的。小孩子需要很长时间才能想明白一个新概念，比如，他可能需要几个月才能明白过去、现在和未来的区别。他没有彻底掌握这些词前，绝不要让他用。很多人都认为，孩子能拼读的词就是能明白的。不要想当然以为，孩子知道常见的物体，明白常见的单词。学词语能让孩子在头脑中形成一系列连续的清晰画面，没有认真学过词语前，什么诗也不要背。

一个正常的聪明的九岁女孩一直住在海边，她在学校学过两年

“地理课”。后来被带去出海航行，看见一个两英里[①]外的海岛时，她问那是不是“海的另一边”。另一个同龄的孩子，得知她妈妈下午收到了在英国的姐姐的一封信后，问：“阿姨是今天早上写的信吗？”这样的无知很正常，但绝对是不受欢迎的。我们必须认清它，并因材施教。因此，在不理解每个词的意义和力量前，不鼓励练习背诵。永远不要教孩子一个指代他不能理解的东西的词。词语如果不能象征思想，就是说，孩子不能把这个词无误地与它所指代的事物或思想联系起来，那就是废物。不要在一课里解释两个生词，或者与课文无关的一个词。比如，如果你在说蛤蜊，孩子却在想吹号角的小杰克，结果就是，在以后几年里，小杰克的名字会让他想起蛤蜊或李子。

不要一次给孩子读太多。想象你自己在一个画廊里，你想停在某幅可以足够理解的漂亮画上，欣赏它。你不希望导游鲁莽地催促你前进。你给孩子读书或和他说话时，也会在他的脑里闪过一幅幅画面，每个都新奇有趣，你要给他时间一个个问问题，让他得到真正的概念或画面。填鸭式往里塞，会减弱孩子想学想知道的欲望。

日常训练要清楚准确地说出来，也要精确回答问的问题。如果你问他哪样是否做了时，不要允许他养成在回答“是”或“不是”

---

①英里：英美制长度单位，1英里等于1.6093公里。——译者注

前先解释一通的习惯。问问题时，先让孩子认真听，并试着理解，再让他回答特定的问题，而不是他希望你问的问题。举例说："你的帽子呢？"错误的回答："我忘在院子里了。"正确的回答："在院子里。"

只允许孩子有能提升音调的读物或图画，如果有人把"幽默报纸"带回你家，在孩子看见前就毁掉。不要拿作者或画家的生平麻烦八九岁以下的孩子，他们还想不到艺术家，但可以让他们看美丽的物品、诗或图画。首先培养诗品，这比批评开始得早些，事实上，大脑发展的这两个阶段彼此互不相容。先从诗中学，再分析诗人的作品和生平。应该是就像诗是自己出来的，或本来就是。

两三岁到七岁的语言材料应该主要是诗。诗是童年的自然语言，因为它表达了信仰、奇妙和精巧。要在缺乏知识时开始简单的理解，简单、形成画面的诗是我们最自然的方法。了解孩子的人，都知道孩子喜欢重复和准确的阐述。他们想要你一点不变地把一个故事说一百遍。蚂蚁和蚱蜢每次要用几乎不变的声调和方式说早安，狼每次遇到小猪时都要说相同的话，而且永远要嗓音嘶哑。形式固定的诗，能以复述和准确满足这种渴望，而且韵律会产生一种自然的吸引力，使得记忆非常容易。

记忆力是大脑首要发展和实用的功能，这个事实证明，童年早期就应该像上述那样锻炼记忆力。记忆力这种功能人和动物都有。

持续锻炼它，就能储藏诗、哲学家的箴言、数学难题。除了我们的小学者通过观察课学到的新词外，让我们教他简单的值得终生铭记的史诗以增加词语，用这种方法他可以学会正确愉快地说话。这样的记忆可以充分练习从表达性、充满活力的语言里，选择愉快的词语、习语、短语，和谐组合排列，尽管是鼓励性的，而且想象力会兴奋。教处理自然事情的简单的《圣经》章节，以简单的方式说上帝，像："上帝的眼睛无所不在，观察着邪恶和善良。""你见过勤奋工作的人吗？他可以站在国王面前。""去看蚂蚁吧，你这懒惰的人，观察蚂蚁的动作，从中获得智慧。""全心全意相信上帝。"让动物故事优先于童话故事，因为动物在自然顺序中首先出现，而童话属于七八岁时。

让孩子习惯用句子，而不是短语回答你，但不要忘了，这只能在常规课程使用，如果在平常生活中也要求这样精确，每天的生活都不可能，不合理。不过，常规课上，孩子会本能和自然顺从精确的要求，虽然这在平常和别人的社交中显得笨拙。

这是一个适合孩子的模范课，三岁开始，妈妈要用自己的想象和发明做补充，她游戏需要时，它们会跳跃式增长。在这里我想说的主要是，在这样小的年龄，这种教学和材料选择要安全。

特别方法
（自然法和归纳法）

1. 记忆。

2. 常识。

3. 拼。

4. 读。

这些课程要按顺序开始，用这种方法，一开始时，第二课就和第一课联系在一起。作为教拼词的第一步，教孩子分析要拼的词，包括那些音节，这些弄明白后，告诉孩子，这些音是哪些字母组成的，教孩子字母的名字，以此类推，孩子在学习符号、数字前，应该知道一些数字的知识。然后，告诉他，同样的字母不总是代表一样的读音，同样的读音，也不总由同样的字母代表。用仅有两三个字母的简单单词举例，比如“No”。告诉孩子字母的名字前，让孩子先把这个单词分成两个音节，而不是字母，N——o。孩子练习把其他的单词分解成音节后，教他代表音节的字母的名字，一次一个，认真地教，像en，o。其他三科没有足够的进展前，不要开始阅读课。

教英语时，老师妈妈应该记住下面的主旨：发展和训练大脑，从最简单的开始，逐步扩充词汇量，训练孩子说话前先思考，形成和发展清楚无误表达意思的能力，让孩子惯于使用正确的好语言，通过言语的小心和精确培养诚实以及对所有事情的小心和精确，让孩子看到事物本来的样子，并准确描述自己看到的，以获得正确的概念和思想，让孩子能把概念和思想联系起来，以获得逻辑思维，并用准确的语言表达，训练孩子只把事实当事实说，同时不仅允许，还鼓励他有限地沉溺于想象和幻想。

不要试图教孩子他不喜欢或不完全明白的诗，不要把故事里的道德加在孩子身上，也不要暗示，让孩子自己用本能和直觉发现。不要把祷文当成课程的一部分来教，祷文是神圣的，与这些课程不同，它使孩子和妈妈或家庭与上帝更亲近。

怎样教英语，让四部分都取得进步：

让孩子说话时张大嘴巴分开牙齿。让他跟着你说，一个音节一个音节清楚地重复。结合处要仔细，以便每个音节都能清晰听到。拼读糟糕的普遍问题是太马虎，但这样糟糕的拼读主要是由于幼年时期的随意拼读。这要由老师妈妈用耐心和关怀纠正，没有老师妈妈的帮忙，学校也没办法。让孩子说话前先吸气，说完一句话再吸气，让他从胸部，而不是嗓子发音，坐或站直时，胸腔打开，双肩后放。如果你注意这些，就不需要所谓的呼吸锻炼了。

一开始，就让孩子在这些课程中清楚地说。这不是说课内拒绝所有“儿语”，这是不可能的，但是只用“儿语”也不可能。让孩子清楚发元音——it，不是 ut；让他听见最后的辅音——and，不是 an’[①]，eating，不是 eatin’；让他把词分开——Jack Horner，不是 Jack-orner，pulled out，不是 pull dout 等等。不然，这些细小的忽略会发展成严重和难改的错误习惯。

不要允许孩子用模糊的回答逃避努力，或隐藏无知。不要让孩子骗你、利用你，或觉得他做到了这些，这样你会失去他的尊重，也会失去威严。如果孩子看到你在任何一点上比他弱，你还是放弃吧。如果你自己犯错了，就立刻承认，不要犹豫或多做评论，因为如果孩子看到，你敢于承认错误，他也会以你为榜样。

①’为重音符号。——译者注

记忆

第一年

我们用童谣做示范课：

吹号角的小杰克，
坐在一个小角落，
吃着一块圣诞派，
他把拇指伸进嘴里，
拿出一颗李子，
说："我真是一个好孩子！"

给孩子多次清楚地唱或复述这些句子。然后说开头的几个词，让他接，比如："吹号角的——""小杰克""坐在一个——""小角落"等等。

再多留出一些词让孩子填充，比如："吹——""号角的小杰克”“坐——”“在一个小角落”如此等等，直到孩子能独自背完整个句子。

教孩子给词语配动作，比如说到“坐在一个小角落”，让他跑去一个角落坐着。

问这样的问题：“那个小男孩叫什么？”“他叫小杰克。”“他坐在哪里？”“他坐在角落里。”“这个房间有几个角落？”“桌子的角落在哪？”“这个桌子有几个角落？”“这是角落吗？”（指着边缘）“不是，那是边。”

让孩子用整句回答，教他把词组成短语，再把短语组成句子或从句。

使用刚才说过的童谣里的词语和短语，教孩子造简单正确的句子，尽可能减少使用“我”“我的”等等。这里是些例子。

这把椅子很小。

姐姐今天早上在桌子边坐过。

现在，妈妈坐在桌边。

那把椅子在角落里。

昨晚，宝贝把她的手指放进了嘴巴。

模仿这些例子，可以造出无数适合当时当地状况的句子。

读单词“am（是）”，让孩子跟你读。然后把它分成两个音节（不是字母）a——m，像本章前面说过的一样。让孩子跟着你复述这些音节，再让孩子找到与“am（是）”押韵的词，像“ham（火腿）”“clam（蛤蜊）”“jam（果酱）”，这样你可以测试他是否理解了音节的意义。其他合适的词还有“I（我）”“a（一个）”“in（在……里面）”。教孩子“I”和“a”是单音节词，而“am”和“in”则是双音节词。格外注意孩子在发这些音节时，发音器官是否在正确的位置。比如n，紧闭牙齿，分开嘴唇；“I”，嘴巴大张。两个连续的音节之间，要有明显的停顿。

用“in”做音节分析。让孩子找与“in”押韵的词，如tin（锡）、fin（鳍）、pin（针）、din（喧嚣）等。说清楚这些词的意义，帮助孩子造小句子以说明这些词的用法。比如：这是一个锡质的杯子。金鱼有一只鳍。针有一个头和一个尖。哥哥在制造喧嚣。

第二年

对于大多数四岁的孩子，像下面的这首八行诗可以做范例：

小鸟在说什么，

破晓时在它的窝巢？

让我飞。小鸟这样说，

妈妈，让我飞走。

宝贝，先休息一段时间，

等你的小翅膀再强壮些。

因此它又等了更长的时间

然后就飞走了。

开始第二年的记忆课前，教第七章里第二年的观察课。

等孩子明白上面用到的“长”和“更长”的意义时，以相似的方法教他“长一点”的意义。手边多放几个棍棒、铅笔、丝带、毛巾，或差不多的不同长度的东西。让孩子给你某个棍子，再给你一个“长很多”的棍子，再是“长点儿”的棍子。孩子能明白“长一点”的意思后，像教他实体课那样，就“长一点”在时间方面的意思给他上一课。“你可以玩时间长一点儿。”“我们可以待时间长一点儿。”等等。用同样的方法教“强点儿”，让孩子折断线和细绳，或不同厚度的木片，学会“强点儿”的意义。教孩子“破晓”的意义，可以早点叫醒他，等待黎明的到来。孩子清楚整首诗的每个词语、每个表达后，用与第一年同样的方法教他记住。

现在，在这首诗的基础上，和孩子进行一场对话，妈妈演大鸟，孩子演小鸟。

孩子："妈妈，让我飞走。"

妈妈："宝贝，先休息一段时间，等你的小翅膀再强壮些。"

现在再变换角色，妈妈演小鸟。

厌倦这样的对话后，继续问下面的问题：

"你有翅膀吗？"

"没有，妈妈，我没有翅膀。"

"没有翅膀，那你有什么？"

"我没有翅膀，有胳膊。"（或"没有翅膀，我有胳膊。"）

这样，孩子开始看到自己的身体，和鸟的身体有一种相似性。他很可能问："为什么我不能飞？"合适的回答是："上帝让鸟儿飞翔，让我们直立行走。"

让孩子像前面说过的那样，分析词语的音节。选择三音节的词。这首诗里合适的词语有"let（让）""fly（飞）""away（离去）""till（直到）"。不要解释不发音的字母，孩子还没学到这些字母。

找到与上面的词押韵的词，比如met（见过），net（网），pet（宠物），wet（湿），yet（还），bet（打赌），get（得到），jet（喷射），set（树立）。用这些词造句。

这些音节分析课不用每天都上，也不用分析很多词，只要偶尔讲讲上面列出的那些合适的词。

第三年

五岁的孩子，会喜欢勃朗宁那首活泼的诗《哈梅林的花衣吹笛手》：

老鼠！
它们打败了狗，残杀了猫，
咬了摇篮里的婴儿，
吃了大桶中的奶酪，
在厨子的勺子里舔汤，
啃裂了装盐鲱鱼的小桶，
在男主人的帽子里做窝，
甚至打断女人的闲谈。
用它们，
无所不在的，
磨牙的声音，
和叽喳尖叫。

让孩子明白“咬了”，意思是“已经咬过”。以此类推。孩子能轻易理解“杀了”指过去时，他不能很快理解“打败了”“咬了”和

“吃了”都是指过去时，意思是已经“打”“咬”和“吃”。如果孩子能明白前三行的每个词，到“摇篮”为止，让他记住，像第二年里说的一样，问问题，比如：“老鼠做了什么？”让孩子告诉你目前已知道的三件事。然后问“谁打败了狗？”“老鼠打败了狗。”“谁杀了猫？”等等。

开始下一行前，确保孩子知道大桶是什么。大桶就是大浴盆。有些国家，比如瑞士，奶酪做得像车轮大，所以要放在大桶里。去一趟杂货店，可能会让孩子对整个奶酪的尺寸有些概念。老鼠咬了大桶中的奶酪，也就是说，人还没有吃呢，这样老鼠不仅贪婪而且无礼。

在记住前面的基础上，加上这一句。这样继续逐字逐句解释，然后让他记住。给孩子看小桶。如果你没有，就说那是一个小木桶。给他看一个小鲱鱼，让他明白。“无所不在的磨牙的声音和叽喳尖叫”，可以用钢琴或其他乐器奏出不和谐的声音，或高低不同的人声来表现。让孩子模仿这些噪声，但不要越礼。

让记忆跟着解释的脚步，但绝不要超前于理解。

如果见不到活的老鼠，给孩子看老鼠的照片，帮他在脑海形成生动的画面，比如老鼠“在厨子的勺子里舔汤”。饥饿的老鼠会攻击猫和狗，甚至人类。不要让诗里的“咬孩子”造成病态的恐怖。

让孩子分析一个词的音节，或更多，一课的音节，找出四个音节的词，比如 rats（老鼠），chats（闲谈），hats（帽子），cats（猫），

vats（大桶），dogs（狗），killed（杀），cooks（厨子），open（开），kegs（小桶）。让他找到和 fought（打败了）,fight（打）,bit（咬过）,bite（咬）,eat（吃）,ate（吃过）,keg（小桶）等词押韵的词。

让他用 fight，fought，kill，killed，eat，ate，lick，licked，make，made，spoil，spoiled 等词造简单正确的句子。

第四年

下面的诗，可以做示范：

一闪一闪小星星！
谁人能知你是谁，
高高挂在天空上，
就像钻石亮夜空。

晚霞光彩染夕阳，
露珠润湿青青草，
一颗一颗闪光芒，
一闪一闪小星星。

隐匿于暗蓝的夜空，
悄悄溜进我的窗户，
永不闭上的双眼，
等待朝日的光临。

你明亮闪烁的幽光，
是黑暗中旅人的向导，
虽无人知你是谁，
一闪一闪小星星。

记住这首诗前，应先学习太阳、星星、天空和世界的实体课，所有要记的诗或篇章都要有这个程序。

教第一段诗里新词的意义。给孩子看看远处的闪光，一边解释“眨眼”的意义，用这种方法，即使离得远，也可以友好招呼，就像我们用手势表示欢迎和再见一样。给他看闪烁的物体，像亮光下的雨滴和露珠，解释“闪耀”，然后把“眨眼”“闪耀”和“闪”联系起来，说明它们有相关性，但每个词都有自己的用法：

1. 快速睁开和闭上眼皮——“眨眼”。(动作说明)

2. 光闪耀时，像人们锻铁时击打烧红的铁，就是“闪光”。

3. 如果间歇地有强光快速来去，就像眨眼，我们说那是“闪”。

可以进一步以露珠和冰棱在阳光下闪烁为例，这样可以帮孩子为七到十岁将学习的重要课程——同义词做好准备。

晚上，孩子看星空时，妈妈应该抓住机会，大声背出前四句。让孩子找出一颗显眼的星星，以后每晚妈妈给他背诗时都要找到。用这种方法，自然引起妈妈和孩子的灵魂的接触，关于这点已经说了很多。

更进一步的问题，可以像这些：

“晴天时天空是什么颜色？”

“它是浅蓝色的。”

“晴朗的晚上是什么颜色？”

“它是深蓝色的。”

以此类推。

孩子记住前四行后，用同样的方法，让他为学习下一段做准备。

找“辉煌”的同义词，比如“精彩”。帮他正确使用这些词，告诉他这些词用在“辉煌的日子”“精彩的趣味”这样的短语里时是比喻义，不是字面义。

记住整首诗后，问这样的问题：

“星星什么时候闪烁？”答案应该在第四行找到，然后第二段的第一行。

“太阳出来的时候，星星去哪了？”（孩子的答案会让你知道自己关于星星的课程成功与否，也是一个纠正误解的好机会。）

“太阳出来的时候，露珠去哪了？”（顺着前面问题的暗示。）

根据一、二段的指示，继续教三、四段。

记住第四段前，教会“向导”和“旅人”。向导是指给别人引路或指路的人。妈妈亲手引导自己的孩子，骑手用缰绳引导马。有人给陌生人指路，让他找到要找的房子。这时候也可以教“领航员”和“指挥家”这样的词，把它们和“向导”联系起来。以同样的方法，解释清楚“旅行”和“旅人”。

韵律和韵脚的第一课

大声背出“一闪，一闪，小星星”，按逗号停顿，突出重音。

让孩子认真跟你背。然后问：“说哪个单词时，只张了一次嘴巴？”

答：“星星（star）。”

“星星”是单音节词，意思是，发音时只需张一次嘴巴，或者用一次力。

“小（little）”是双音节词，要用两次力才能发完音，听起来像

“lit-tel”。

现在一个个读，问每个词有几个音节。

答案：“闪（twinkle）有两个音节；小（little）有两个音节；星星（star）只有一个音节。”

继续这样，一行一行教完全诗。不要认为孩子讨厌重复，这是普遍的错误观点。相反，而且幸运的是，孩子喜欢重复，这样还可以简化教学。这样的课程对他来说，就像游戏一样。寻找像di’-a-mond（钻石）、glo’-ri-ous（辉煌的）、trav’-el-er（旅人）的三音节词，注意他有多高兴。

让孩子复述第一行诗，注意音节，用拇指和其他手指，交替敲桌子，数音节。给他时间理解计数——四个重音节加三个不发音音节。第二行也这样。孩子就会注意到大部分句子都有七个音节。让孩子数完全诗，数清每一句，找出不是七个音节的那几句。背完整首诗后，浏览要根据自然停顿和发音，因为背诵不能和自然口语有冲突。

孩子从前面的课程会学到押韵的句子都有相似的音节。让他看到这首诗中，韵脚都有一定的间隔。韵脚不只是装饰，还可以与音乐相和谐。复述诗的前两句，让孩子边背边指出韵脚。让他找出其他与“星星（star）”和“是（are）”押韵的词。再复述三、四句，让孩子找出韵脚。让他找出与“高（high）”和“天空（sky）”押韵的词。把这种方法应用到整首诗。

教他们简单的歌词和诗，培养孩子对韵律的爱好，简单自然。

继续准备练习。

1. 以平滑的声调，清晰缓慢地发出下列音，让孩子模仿你复述：

Ma-ple（枫树），bran-ches（树枝），seed-ling（幼苗），nest-ling（筑巢），swal-low（燕子），spar-row（麻雀），rob-in（知更鸟），blue-bird（青鸟）。

2. 让孩子跟你复述，每次一个，这次只发每个词的第一个音节，发完了一个，响亮地打拍子做记号：ma’-ple，bran’-ches 等。

3. 大声计数二十次，一——二，一——二，发音平缓，像大钟嘀嗒的声音。

4. 复述，每次大声说“一”，轻声说“二”。打着拍子，平缓地说，也就是慢速有韵律地说。

以适中的速度复述。

快速复述。

5. 重复 4，每次说“一”时，拍手。

6. 重复 4，每次说“一”时手向下，说“二”时手向上。

7. 根据 4 的指示，复述诗的前四句。

1’ 2 1’ 2 1’ 2 1’

一 / 闪 / 一 / 闪 / 小 / 星 / 星，

1’ 2 1’ 2 1’ 2 1’

谁 / 人 / 能 / 知 / 你 / 是 / 谁，

1’ 2 1’ 2 1’ 2 1’

高 / 高 / 挂 / 在 / 天 / 空 / 上，

1’ 2 1’ 2 1’ 2 1’

就 / 像 / 钻 / 石 / 亮 / 夜 / 空。

8. 重复，说“一”时拍手。

9. 重复，像 6 中说的打拍子。

这首诗有两个节拍，重音落在第一个节拍，要按韵律多背几遍。

10. 以 7、8、9 的指示，读别的相似韵律的诗，像“小鸟说什么”。

让孩子清楚平缓地跟你复述下面的双音节词：

a-way’(远离),re-turn’(回来),sur-prise’(惊奇),a-lone’(独自),at-tack’(攻击),re-port’(报告),ex-plode’(爆炸),pro-voke’(激怒),con-ceal’(取消),se-cure’(安全),con-fess’(承认),de-fend’(保卫),a-cross’(穿过)。

11. 让孩子再跟读一遍，重读第二个音节时打拍子。

12. 重复 4，但这次轻说“一”，重说“二”，平缓、适度快地打节拍，然后再快速来一次。

13. 重复 12，打拍子，说“一”时手向上，说“二”时手向下。

14. 复述诗的七个韵脚：

1 2 1 2 1 2 1 2

They fought' /the dogs' /and killed' /the cats.

（它们打败了狗，残杀了猫。）

每次说“二”时打节拍，重读第二个音节。

15. 像13中指示的，重复打拍子。

16. 找其他每句两个节拍、有相似韵律的诗，给孩子进行这些锻炼，重音在第二个节拍——像史蒂文森的“my bed is like a little boat（我的床像一艘小船）”，金斯利的“farewell（再见）”，柯勒律治的“he prayeth best who loveth best（祈祷最好的人，爱也最深）”。

第五年

对七岁以上的孩子，我们用勃朗宁《哈梅林的花衣吹笛手》的第一段，做示范课。

不伦瑞克的哈梅林市，
毗邻著名的汉诺威市；
威悉河，宽广深沉，
冲击着它的南部城墙；
你再找不到更美好的地方；
只是每当我的小调响起，

几乎五百年前就这样；

看一个害虫为居民带来的苦难，

谁都深表遗憾。

对妈妈来说，这个地理传说很独特，但却不真实。哈梅林不在不伦瑞克，而是在汉诺威，威悉河既不宽广也不深沉，男人可以涉水而过。它也没有冲刷着哈梅林的南墙，哈梅林根本没有城墙。不过，不要用这些诗的特征困扰孩子，在这个年龄，孩子还考虑不到诗人。

这一课以及接下来这个科目的其他课，妈妈都要首先研究所选的学习对象，可以找一本未删减的、以引语解释词义的词典帮忙。这样她就能以自己的知识保持思想开明，紧跟时代，防止孩子进校后觉得自己比妈妈聪明。不要让孩子跟你说话时用“不要”或“不能”，他跟妈妈讲话要跟别人不一样。

前面说的指导记忆的方法，要适当扩充后用在这些课上。首先让孩子明白每个词语的意思，然后是每个句子（不是每一行）的意思，再然后是前四行的意思。给孩子指出，诗句中的’s 不是“的”的意思，而是“is”的缩写。

镇、市、省对孩子来说应该有不同的意义。用粉笔在厨房门上，画一个粗略的平面图，或用棍子在院子中间画一个，让孩子对整首诗更清晰。之后擦掉图，让孩子画出自己记住的。这样的课，宁愿用平面图而不用挂图，这样可以避免给孩子造成持久困惑的可能性。垂直的挂图上，河流向上爬，海洋在边缘上，南极和北极都在下面，这会给生活带来很多麻烦的误解。

认真关注元音、末尾辅音以及音节划分法。让孩子用胸腔而不是鼻子说话，呼出的气流应该自由无障碍地通过嘴巴，这会比所谓的健身操和朗诵对肺更好。

第五行的“地方”是什么意思？“找不到”是什么意思？“每当我的小调响起”不是说小调五百年前就响了，而是说这个故事五百年前，或差不多那时候就开始了。问关于“小调”的问题，让孩子说说自己听过的小调。

通过第七句，教孩子对长时间形成概念，比如，很久以前没发现美洲的时候。“五百年”不是真的五百年。引用相似的句子，像“他有百十个朋友”不是说数过他的朋友。不过这里要及时提醒孩子不要夸张。

问一些问题，这些问题要能让孩子思考词语意义，以及诸如“到”“从”“远离”“朝”“里”“外”这些简单的词所表达的关联。以尽量多的不同方式，问同一个问题，保证每个答案都对应新的问题形式。

反对在未清楚理解词语的意义和力量时就进行背诵。如果你忽略了认真学习词语，孩子可能会形成无目的阅读的习惯，他看过的东西会溜出脑海，就像东西经过筛子一样，粗糙的东西留下了，精细的东西流失了。

重复第一行，在每个词语后停顿，告诉我这行有多少词。

第一个词是什么？第四个？第三个？第二个？

给孩子时间找出正确答案，不鼓励极速回答。教他说“我不知道”而不是猜。这个训练的主要目的是迫使他说话前先思考。不要在一课中进行很多这样的练习，但可以常常进行这样的短课。

押韵

让孩子找出诗中押韵的词，哪些词不和另一些词押韵。

为了把这一课和其他无数的课联系起来，思维会给老师妈妈建议，这些指导可以更轻松，可以在阅读课进行，打印的页面是一个自动助手，可以帮助定位韵脚、单音节词、双音节词等。所有这些都是真的，但是思维训练和肌肉训练相似，不仅是指导或知识，而是使用才能经受得了练习，获得成功。设计孩子站立时也能学习的课程，让他的眼睛看着你的眼睛，而不是盯着书。课别太难，只要难到孩子能体验成功的快乐就够了。

韵律

让孩子复述第一句，每两个节拍，重读第一个，就像前面《小星星》的指导一样。除了第四句和第五句，其他的韵文，重读都在第二个节拍。用之前讲过的方法教这个。

让孩子吐字清晰、平缓，跟你说下面的词：

Mex'-i-can（墨西哥）,car'-pen-ter（木匠）,hol'-i-day（假日）,an'-i-mal（动物）,black'-ber-ry（黑莓）,chat'-ter-ing（聊天）,Di'-a-logue（对话）,sep'-a-rate（分开）,his'-to-ry（历史）,li'-bra-ry（图书馆）,cat'-a-logue（目录）,shat'-ter'-ing（破碎）。重复，在每个词的第一个音节打拍子。一——二——三、一——二——三，平缓地计数四次。重复，大声说"一"，轻声说"二三"。打拍子或有节奏地说。重复，说"一"时打拍子。手势慢慢地下——右——上，下——左——上等。用手势或节拍，再数一——二——三几次。数"一"时总是向下，敲桌子以加重。让孩子数你的节拍，也让他打拍子。找出三音节的韵脚：

"Bird of the / wil' derness, / blithe' some and / cum' berless,/

O! to a / bide' in the /des' ert with /thee."

（荒野地的鸟儿，自由无累，哦！我要和你，一起住在那无人之处。）

语法

给孩子解释说明，有些词是名字用词。玛丽是名字用词，村子也是。问“你叫什么名字？你哥哥的名字？”等。“我们的邮局叫什么名字？”“说说这个房间里一些事物的名字。”

“名字用词叫名词。背诗的第一句，告诉我名字用词或名词。”

“名字用词或名词，有哈梅林，市，不伦瑞克。”

“背第二句，说名词。”继续这样，直到孩子认出名词没有困难。然后给出名词的定义：“名词是一个人、地方或其他东西的名字。”

同义词

这是一些词义相同或相近的词，像城镇、城市、村子。找出这些词的同义词：著名、河流、地点、开始等等。